Mein Dank gilt allen Freunden, Verwandten und Helfern, die mich bei der Organisation und Gestaltung des Gedenkgottesdienstes für Hans-Ulrich von Oertzen anlässlich des 75. Jahrestages des Attentates auf Adolf Hitler am 20. Juli 1944 im vergangenen Jahr unterstützt haben. An erster Stelle möchte ich neben meinem Vetter Eberhard von Oertzen meine Frau Constance nennen, die mich in meinem Anliegen bestärkte und an meine Stelle trat als ich aufgrund eines Unfalls ausfiel und von Krankenbett nicht viel helfen konnte. Sie schulterte die mit dem besonderen Gottesdienst verbundenen Aufgaben souverän und löste alle auftretende Probleme. Unser Gedenkgottesdienst war neben einem Gesprächsforum in Tellow eine der zwei Gedenkveranstaltungen, mit denen das Land Mecklenburg-an das gescheitete Attentat auf Hitler 1944 erinnerte.

Henning von Buchwaldt

HANS-ULRICH VON OERTZEN

1915 - 1944

herausgegeben durch Henning von Buchwaldt

Die Deutsche Nationalbibliothek verzeichnet diese
Publikation in der Deutschen Nationalbibliografie;
detaillierte bibliografische Daten sind im Internet unter
http://dnb.d-nb.de abrufbar.

2020
Herausgeber: Henning von Buchwaldt
Redaktion: Helmut Borth (www.meckpress.de)
Titelgestaltung: Finja Schmökel
Satz & Layout: Felizita Rinck (www.werbe-rinck.de)

Herstellung und Verlag:
BoD - Books on Demand, Norderstedt

ISBN 9783752897616

Inhalt

Zum Geleit

Zum 75. Jahrestag des Attentats auf Adolf Hitler am 20. Juli 1944 haben meine Frau Constance und ich die Initiative ergriffen und zu einem Gedenkgottesdienst für Hans-Ulrich von Oertzen in die Versöhnungskirche nach Rattey eingeladen.

Hans-Ulrich war mein Großonkel. Er verlebte seine Kinderjahre auf dem Gut Rattey, welches meine Mutter nach dem Tod ihres Vaters 1931 erbte und auf dem ich 1943 zur Welt kam, zu einer Zeit, in der Hans-Ulrich schon einmal versucht hatte, Hitler zu erschießen.

Ich denke, wir hätten im Februar 1945 nicht vor der Roten Armee fliehen müssen, wären Hans-Ulrich und seine Mitverschwörer im Sommer 1944 erfolgreich gewesen. So mussten meine Eltern mit einem Haufen kleiner Kinder nach Kriegsende im Westen bei Null anfangen. Und in Schleswig-Holstein waren wir noch Jahre die „Hitlermörder".

Mit den Jahren, die vergingen, wuchs das Vergessen, bis mit der Wende in der DDR sich die Zeit änderte. Am 45. Jahrestag unserer Flucht aus Rattey sahen meine Mutter und ihr Bruder Hans-Christoph am 24. Februar ihr Elternhaus, die Kirche und das Dorf das erste Mal wieder. Sie waren ergriffen und entsetzt. Das Gutshaus hatte keinen Charme mehr. Es sollte sogar abgerissen werden. Die Kirche präsentierte sich ruinös. Bei ihren Überlegungen zur Restaurierung der Gebäude kamen sie auf den Gedanken, mit einer Gedenkfeier und einer Gedenktafel an ihren nahezu vergessenen Cousin Hans-Ulrich von Oertzen und sein Handeln im Widerstand gegen Hitler zu erinnern. Sogar die Einrichtung eines Museums schwebte meiner Mutter vor, die dem Beispiel ihrer bekannten Namensvetterin und Vorfahrin Bertha von Oertzen folgte und Bettelbriefe schrieb. Hatte die im 19. Jahrhundert Geld für die Einrichtung eines Rettungshauses gesammelt, warb meine Mutter um Spenden für die Kirchensanierung.

Am 5. September 1992 konnte das Gotteshaus nach einer umfangreichen Instandsetzung neu geweiht werden. Im Rahmen des ersten Gedenkgottesdienstes für Hans-Ulrich von Oertzen erhielt sie im Beisein von Bundespräsident Richard von Weizäcker von Landesbischof Christoph Stier den Namen „Versöhnungskirche". Gleichzeitig wurde die von Torsten Simonsen gestaltete Gedenktafel für Hans-Ulrich enthüllt.

Ich denke, für meine Mutter war es einer der bedeutendsten Tage in ihrem Leben, vielleicht sogar der bedeutendste. Sie hat Hans-Ulrichs Namen und Wirken Öffentlichkeit verschafft. Hans-Ulrich ist nicht mehr vergessen. Er darf aber auch niemals wieder vergessen werden. Ich bin da mit meiner Frau einer Meinung, dass wir dem Beispiel meiner Mutter verpflichtet sind und die Aufgabe haben, weiter die Erinnerung an Hans-Ulrich und seine Kameraden wach zu halten. Nachdem wir im vergangenen Jahr zum 75. Jahrestag des 20. Juli 1944 mit einem Gedenkgottesdienst dieser Aufgabe würdevoll gerecht wurden, möchten wir zum 75. Jahrestages der Befreiung vom Nationalsozialismus die Gelegenheit nutzen, mit dieser Publikation unserer Verpflichtung zu folgen und gleichzeitig die jüngeren Generationen bitten, den Staffelstab zu übernehmen. Ich verspreche, dass wir ihnen im Rahmen unserer Kräfte dabei weiter mit Rat und Tat zur Seite stehen werden.

Henning von Buchwaldt

Ohne ihn wäre das Attentat nicht möglich gewesen

Wikipedia-Eintrag zu Hans-Ulrich von Oertzen

Hans-Ulrich von Oertzen (* 6. März 1915 in Berlin; † 21. Juli 1944 ebenda) war ein deutscher Generalstabsoffizier und gehörte zum Kern der militärischen Widerstandskämpfer vom 20. Juli 1944 um Oberst Claus Schenk Graf von Stauffenberg.

Hans-Ulrich von Oertzens Vater Ulrich von Oertzen aus dem Hause Lübbersdorf-Teschow fiel am 27. Februar 1916 in der Champagne (Westfront) als Hauptmann und Kompanieführer im Ersten Weltkrieg. Seine verwitwete Mutter Elisabeth von Oertzen, geborene von Oertzen aus dem Hause Rattey (* 12. Oktober 1887 in Rattey; † 11. August 1938 in Berlin), erzog den jungen Hans-Ulrich allein, zunächst auf dem Gut ihrer Familie, welches ihr Bruder Henning von Oertzen im mecklenburgischen Rattey bei Strasburg geerbt hatte. Sie ging als Malerin später nach Berlin, wo sie zwischen 1933 und 1935 Vorsitzende des Vereins der Berliner Künstlerinnen 1867 war, während ihr Sohn nach Auswahl für ein Stipendium das Internat Schloss Salem am Bodensee besuchte und dort 1933 das Abitur ablegte.

Hans-Ulrich von Oertzen

Hans Ulrich von Oertzen wollte beruflich seinem Vater folgen. Er trat nach Abschluss des Gymnasiums als Fahnenjunker in die Nachrichtentruppe der Reichswehr ein, und zwar bei der 6. (Preußischen) Nachrichtenabteilung in Hannover. In den Folgejahren durchlief er die Offiziersausbildung in der Wehrmacht. 1938 wurde Oertzen als Adjutant zum Gruppenkommando nach Wien versetzt. Ab 1940 diente er als Lehroffizier an der Heeresnachrichtenschule

No	Monat und Tag der Geburt 19*14*. / Taufe 19*15*.	Name des Vaters	der Mutter	Name des Kindes	Name der Gevattern	Name des taufenden Predigers
22.	Juni/Juli 13. 18.	Heinrich Peters, Vizefeldwebel im Gren. Rgt 89 hier, getraut.	Ina geb. Schuldt	Bruno Heinrich Wilhelm	1. Sol. Paula Schuldt zu Lütz. 2. Arbeiter Johann Peters zu Lütz. 3. Arbeiter Wilhelm Schuldt zu Lütz.	Floerke Garnisonsp.
23.	Juni/Juli 22. 18.	Hermann Schröder, Garn.Komp.meister Schrö- der, hier, getraut.	Alevine geb. Schrö- der	Hermann Arnold Wilhelm Karl.	1. Sol. Alevine Wie- ling zu Rostock 2. Sol. Anna Förs hier. 3. Schutzmann Wilh. Weidt zu Altona.	idem.
24.	Juni/Juli 11. 25.	Friedrich Tröstler, Schloß-Vigr. Feldwebel hier.	Anna geb. Ban- dow	Friedrich Wilhelm Franz Ludwig Julius.	1. Sol. Frieda Bandow zu Stav. 2. Kaufmann Wilhelm Bandow zu Stav. 3. Landwirt Tröstler zu Kleutsch. 4. Sol. Lisbeth Richter hier. 5. Fr. Ida Richter hier.	idem.
25.	März/Juli 16. 30. zu Ber- lin.	Ulrich von Oertzen Haupt- mann im Grenadier Regiment N. 89 hier, getraut.	Elisa- beth, geb. von Oertzen	Hans Ulrich Victor Friedrich Karl Adalbert Waldemar Henning	1. Gustave v. Oertzen, Rheinsberg 2. st. stark. 2. Luise v. Oertzen zu Neustrelitz 3. Käthe Gönicke zu Steglitz b. Berlin. 4. Emmy v. Oertzen zu Hamburg 5. Margrith Vogt zu Tetin i. M. 6. Charlotte v. Oertzen zu Neustrelitz. 7. Edelgarde, Freifr. v. Reibnitz hier. 8. Hildegard Freiin v. Gamp auf Helzen J. 9. Exzellenz Victor v. Henning, Gr. Lichterfelde 10. Exzellenz Waldemar v. Henning zu Graudenz 11. Obrstl. Adalbert v. Henning zu Neubranden burg 12. Oberleutn. Victor v. Henning zu Hamburg 13. Hauptm. Graf v. Voß zu Spandau. 14. Rittmeister Henning v. Oertzen auf Radthy	Hermes Hosdt- wald zu Rheins- berg i. M.

Geburtseintrag on Hans Ulrich von Oertzen im Kirchenbuch der Garnison Schwerin in Halle (Saale), ab Juni 1941 im Panzerarmee-Nachrichtenregiment 1. Nach der Teilnahme am Generalstabslehrgang wurde Oertzen ab September 1942 im Stab einer Infanteriedivision eingesetzt. 1943 wurde er Major im Generalstab und Ausbildungsoffizier beim Stab der Heeresgruppe Mitte unter Oberst Henning von Tresckow. Oertzen gehörte nun zu einer Gruppe von Offizieren, die Adolf Hitler bereits im März 1943 beim Besuch der Heeresgruppe Mitte in Smolensk erschießen wollten.

Zusammen mit Oberst Claus Schenk Graf von Stauffenberg, dem Chef des Stabes im Allgemeinen Heeresamt in Berlin, erarbeitete Oertzen im Herbst 1943 das Unternehmen Walküre. Ursprünglich als Plan zur Niederwerfung möglicher innerer Unruhen gedacht, wurde sie durch die Hinzufügung einiger weiterer zu verhaftender Personen zu einem Operationsplan der Widerstandsgruppe für den Staatsstreich.

Am 26. März 1944, knapp vier Monate vor dem Attentat, heiratete Ulrich von Oertzen Ingrid von Langenn-Steinkeller (* 13. September 1922 in Braunschweig; † 4. März 2015 in Bad Segeberg), die Tochter des Rittmeisters a. D. Franz Helmut von Langenn-Steinkeller, Rittergutsbesitzer auf Bellin (heute Bielin) in der Neumark, und seiner Ehefrau Charlotte, geborene Amme.

Hans-Ulrich von Oertzen gab am 20. Juli 1944 als Verbindungsoffizier für den Wehrkreis Berlin, vom Sitz des Wehrkreiskommandos am Hohenzollerndamm aus, die ersten „Walküre"-Befehle weiter. Nach dem misslungenen Attentat auf Hitler wurde er festgenommen. An der Vernehmung Hans-Ulrich von Oertzens durch General der Infanterie Joachim von Kortzfleisch[1] beteiligte sich auch Karl Freiherr von Thüngen[2], der eigentlich zur Widerstandsgruppe gehörte. Zunächst ergaben sich keine Hinweise auf seine Teilnahme an der Verschwörung, bis sich eine Sekretärin erinnerte, dass sie Oertzen im Herbst 1943 zusammen mit Stauffenberg gesehen hatte. Vor dem Eintreffen der Gestapo tötete sich Hans-Ulrich von Oertzen mit einer Sprenggranate.

Seine Frau Ingrid von Oertzen beschrieb den Hergang: „Er hat zwei Handgranaten in die Sandsäcke getan, die wegen der Luftangriffe auf den Fensterbänken standen. Die erste hat ihm nur seine Hand abgerissen.

Und dann hat er noch die Kraft aufgebracht, irgendwie an die zweite ranzukommen und die hat er dann also …"

Die zweite Handgranate steckte sich Hans-Ulrich von Oertzen in den Mund. Dann zog er den Splint ab.

Die Leiche Hans-Ulrich von Oertzens konnte durch das Eingreifen seines Schwiegervaters ins Krematorium gebracht werden. Während die Asche der meisten Widerstandskämpfer des 20. Juli 1944 verstreut wurde, befindet sich sein Grab in einer Grabstätte der Opfer von Krieg und Gewaltherrschaft in der Berliner Straße in Berlin-Wilmersdorf.

In der Dorfkirche von Rattey erinnert eine Gedenktafel an Hans-Ulrich von Oertzen, die 1992 in Anwesenheit von Bundespräsident Richard von Weizsäcker und Axel Freiherr von dem Bussche als überlebendem Widerstandskämpfer feierlich enthüllt wurde.

Philipp Freiherr von Boeselager, der letzte Überlebende des innersten Kreises der militärischen Widerstandsgruppe gegen Hitler um Generalmajor Henning von Tresckow und Oberst Claus Graf Schenk von Stauffenberg, würdigte die Rolle von Oertzens so: „Wenn man an den militärischen Widerstand denkt, dann fallen einem sofort die Namen Oster, Tresckow, Stauffenberg ein, wobei Oster der Verstand, Tresckow das Herz und Stauffenberg der mutige Arm des Widerstands war. Aber ohne Männer wie Hans-Ulrich von Oertzen wäre das Attentat auf Hitler und seine Planung gar nicht möglich gewesen."

1 *Joachim von Kortzfleisch (1890 – 1945) war seit 1943 Befehlshaber im Wehrkreis III Berlin. Durch seine regimetreue Haltung trug er entscheidend zum Scheitern des Widerstandes bei, indem er die Walküre-Befehle für den Wehrkreis trotz massiven Drucks seitens der Verschwörer nicht unterzeichnete.*
2 *Karl Freiherr von Thüngen war 1944 in Berlin Inspekteur des Wehrersatzwesens. Am 20. Juli 1944 wurde er durch die Verschwörer zum Befehlshaber des Wehrkreises III (Berlin) ernannt und Nachfolger des festgenommenen Generals Joachim von Kortzfleisch. Er übernahm den Befehl über das Generalkommando. Nachdem sich das Scheitern des Umsturzes abzeichnete nahm von Thüngen die „Walküre"-Befehle der Verschwörer zurück und war unter anderem an der Vernehmung von Major i. G. Hans-Ulrich von Oertzen beteiligt, was ihn aber nicht vor seiner späteren Verhaftung durch die Gestapo bewahrte. Er wurde am 24. Oktober 1944 im Zuchthaus Brandenburg hingerichtet.*

Drei Monate im Stab der Verschwörer

Ein Brief von Gert Sailer, Major i. G. a.D.

Einer Korrespondenz zwischen Herrn Major i. G. a. D. Gert Sailer und unserem Vetter Arwed-Arnd v. Oertzen sind weitere Einzelheiten über den Freitod unseres Vetters Hans-Ulrich v. Oertzen a. d. H. Lübbersdorf-Teschow, GHdA. S. 352, zu entnehmen, der sich im Zusammenhang mit den Ereignissen des 20. Juli 1944 am 21.07.1944 in Berlin das Leben nahm.

In einem Brief von Herrn Sailer vom 31.7.1989, dem an dieser Stelle für seine Mitteilung herzlich gedankt sei, heißt es u. a.:

„In der Anlage übersende ich Ihnen drei Fotos, das eine zeigt Ihren Vetter Major i. G. Hans-Ulrich v. Oertzen. Links von ihm im Hintergrund ist der Hauptmann Eggert[1] zu erkennen, der ebenfalls zum Verschwörerkreis gehörte. Meines Wissens hat er den 20. Juli ebenso wie der ebenfalls bei der Heeresgruppe Mitte tätige Oberleutnant v. Schlabrendorff überlebt.

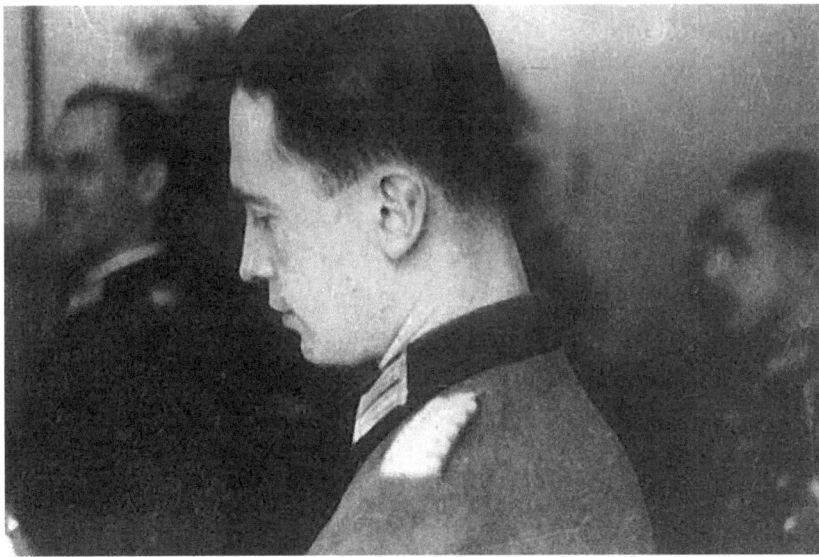

Hans-Ulrich von Oertzen, links von ihm Hauptmann Albrecht Eggert

Ich kam im Herbst 1943 in die Führungsabteilung der Heeresgruppe Mitte zur weiteren Generalstabsausbildung vor der Kriegsakademie. Mein Kommando war auf drei Monate begrenzt. Als Frontoffizier (vorher Chef einer Pz. Pion. Komp.[2]) hatte ich vorher keinen der im Stab tätigen Generalstabs- oder sonstigen Offiziere je kennengelernt. Dass man von den Führerqualitäten Hitlers bei diesem Stab nicht viel hielt, hat mich nicht besonders überrascht, da man auch unter den näheren Kameraden bei der Fronttruppe spätestens seit der Katastrophe vor Moskau (1941) ziemlich offen sprach. Völlig ahnungslos war ich mitten in den engsten Kreis der späteren Verschwörer v. Tresckow, v. Voss, v. Schlabrendorf, v. Oertzen, Eggert und andere geraten, die ich auch im Führungskasino oder bei der dienstlichen Arbeit alle kennen und schätzen lernte. Von keinem erhielt ich jedoch jemals einen Hinweis oder auch nur die Frage, wie ich zum Nationalsozialismus stand; dazu waren alle viel zu vorsichtig. Ich hatte alle Teilbereiche der Führungsabteilung zu durchlaufen. So vertrat ich den UI während seines Urlaubs, war dem Ia/op.[3] von Voss zugeteilt, auch Major i. G. von Oertzen.

Mit den Ereignissen des 20. Juli habe ich mich nach dem Krieg intensiv beschäftigt und konnte auch die tragischen Schicksale von sechs Generalstabsoffizieren (die alle aus meiner Pionierwaffe stammten,) klären. Das Ergebnis war makaber, hatten sich doch einige von ihnen – eng miteinander befreundet – gegenseitig und ahnungslos an den Galgen geliefert.

Ihr Vetter Hans-Ulrich v. Oertzen wurde nicht hingerichtet oder standgerichtlich, wie die vier, in der Bendlerstraße erschossen. Er hat sich am 21.7.44. nach dem Fehlschlag des Attentates das

Leben genommen; wie mir berichtet wurde, soll dies mit einer Pionier-Sprengpatrone[4] geschehen sein. Den Hinweis auf seinen Freitod finden Sie auch in

„Der deutsche Generalstabsoffizier" von Hans-Georg Model, 1968 erschienen im Bernard & Graefe Verlag Ffm, dort auf Seite 139 in der Fußnote.

Weitere viele Einzelheiten über die Verstrickung Ihres Vetters in die Verschwörung stehen in

„Spiegelbild einer Verschwörung" (die Kaltenbrunner-Berichte an Bormann), 1961 im Seewaldverlag Stuttgart, dort auf den Seiten 22,47,48,55,158,196,318,395.440 u. 442."

(Oertzen-Blätter November 1991)

1 *Albrecht Eggert (1903-1977) gehörte seit 1933 zur Widerstandsgruppe um Ewald von Kleist-Schmenzin*
2 *Panzer-Pionier-Kompanie*
3 *Gehilfe des 1. Generalstabsoffiziers in höheren Stäben*
4 *Zu den Pioniersprengmitteln zählten verschiedene Sprengpatronen, zylindrische Blechkörper, deren Kennzahl dem Durchmesser in Millimeter entsprach. Bei den vier größten war ein Ende konisch ausgebildet, zur leichteren Handhabung waren hier zwei Griffe angebracht. Die Patronen Z 150 und Z 200 wurden ohne Griffe geliefert, die kleineren Patronen mit Ausnahme der Z 34 besaßen einen abklappbaren Stiel. Da die Z34 war 301 mm lang und wog 0,6 Kilogramm. Davon waren 350 Gramm Sprengstoff. Die nächst größere Z 48 war 300 mm lang. Sie wog ein Kilogramm, davon entfielen 600 Gramm auf den Sprengstoff. Die Z 72 war zwar auch nur 300 mm lang, wog aber 2,3 Kilogramm. Sie dürfte für den Suizid allein schon aufgrund ihres Gewichts nicht in Frage kommen.*

Der stille Widerstand in zweiter Reihe
Hans-Ulrich von Oertzen – ein Organisator des 20. Juli 1944

Je häufiger sich das Datum des Attentatsversuchs vom 20. Juli 1944 an Adolf Hitler jährt, umso schwerer fällt es, mit wesentlich neuen Aspekten zu Ablauf und historischen Hintergrund des Anschlages aufzuwarten. Alles scheint gesagt oder geschrieben. Und doch finden sich immer noch kleine Steinchen, die das Mosaik vervollständigen.

„Der Selbstmord des Majors von Oertzen erfolgte auf dem Flur in der Nähe des Flurfensters. In ca. 1 Meter Entfernung befand sich auf dem Fußboden, der mit Linoleum und Holzterrazzo belegt war, eine etwa handgroße und ungefähr 3 cm tiefe Aushöhlung. Im Umkreis von 1 bis 2 Metern waren kleine Einschüsse festzustellen, die offensichtlich von Splittern herrühren mussten. Aus dem Fensterrahmen konnten noch 4 kleine Metallsplitter aus Stahlblech gesichert werden. Dazu einige kleinere Hautfetzen mit Haaren." So beginnt der Geheimbericht des Kriminaltechnischen Instituts der Sicherheitspolizei, Abteilung Chemie, vom 23. Juli 1944, an den Amtschef vom Amt V im Reichssicherheitshauptamt.

Hauptgebäude des Wehrkreiskommando III in Berlin-Grunewald,
wo sich Hans-Ulrich von Oertzen das Leben nahm.

Wer war dieser Major Hans-Ulrich von Oertzen? In kaum einer der zahlreichen Publikationen, die sich mit dem 20. Juli 1944 beschäftigen, taucht der Name von Oertzen auf. Auch die Gedenkstätte des Deutschen Widerstandes in Berlin-Tiergarten kann nur eine äußerst dünne Mappe vorzeigen. Trotzdem: Oertzens Bild hängt dort zwischen denen, die als Verschwörer gegen Hitler bekannt sind: Claus Graf Schenk von Stauffenberg, Friedrich Olbricht oder Peter Graf York von Wartenberg. War Oertzen nur ein „kleines Licht"? Und welches war seine Rolle im weit verzweigten Netz der Attentäter? Trägt man die spärlichen Informationen zusammen, zeichnet sich ein überraschendes Bild: Hans-Ulrich von Oertzen war einer der Organisatoren. Wenn auch nur in der zweiten Reihe.

Der am 6. März 1915 in Berlin geborene Oertzen stammte aus einer bekannten Adelsfamilie, in der der militärische Beruf über Generationen großgeschrieben wurde. Seinen Vater Ulrich, am 6. Juni 1881 in Lichterfelde bei Berlin geboren, lernte der Sohn nicht kennen. Der Vater fiel am 27. Februar 1916 als Hauptmann und Kompanieführer im Großherzoglichen mecklenburgischen Grenadierregiment Mr. 89 bei Somme-Py-Souain, Champagne. Die Mutter, Elisabeth, geb. v. Oertzen, geboren in Rattey am

Generalmajor Henning von Tresckow

12. Oktober 1887, zog den Jungen allein groß. Sie starb am 11. August 1938. Zu diesem Zeitpunkt war von Oertzen 23 Jahre alt.

Es folgte die übliche militärische Karriere: Offizierslehrgang, Kriegsakademie, Ernennung zum Generalstabsoffizier. Von Oertzen kam zur Heeresgruppe Mitte und damit unter die Fittiche von Henning von Tresckow, später von der Gestapo als der „Treiber und der böse Geist des Putschistenkreises" bezeichnet. Tresckow, ein Offizier mit Charisma und einer ungewöhnlichen Ausstrahlung, hatte eine Reihe junger Stabsoffiziere um sich konzentriert, die er, nach eigener anfänglicher Sympathie für den Nationalsozialismus, mit seiner zunehmend ablehnenden Haltung zum Krieg und zur Führung beeinflusste. „Dieses Ziel hat Tresckow mit seiner Personalpolitik von Anfang an verfolgt", schreibt Peter Hoffmann in seinem Buch „Widerstand, Staatsstreich, Attentat". Insgesamt konzentrierte sich im Stab der Heeresgruppe Mitte damit die stärkste Oppositionsgruppe.

Zwischen Oberst Henning von Tresckow und dem jungen Hans-Ulrich von Oertzen muss schnell eine enge Bindung entstanden sein. Fabian von Schlabrendorff, Adjutant Tresckows, schrieb später: „Tresckow hat ihn (Oertzen, d. A.) ganz nahe an sich herangezogen." Diesen Eindruck bestätigte auch Philipp Freiherr von Boeselager, der einzig noch Lebende aus dieser Gruppe. Boeselager erinnert sich an eine Szene: „Weihnachten 1942 hatte das OKW (Oberkommando der Wehrmacht) christliche Weihnachtsfeiern untersagt. Um dies zu überwachen, waren einige Parteilöwen zu uns zum Stab gekommen. Als Tresckow das Weihnachtsevangelium vorlas, standen Oertzen und Schulze-Büttger neben ihm."

Etwa zu diesem Zeitpunkt, Ende 1942, entwickelte Tresckow erste eigene Attentatspläne, und es ist bewiesen, dass er seine engsten Vertrauten mit einbezog. Doch alle Versuche scheiterten. Am 13. März 1943 beispielsweise funktionierte der Zünder einer Bombe nicht, die im Flugzeug Hitlers versteckt war. Im Spätsommer 1943 schlossen sich Tresckow und Claus Schenk Graf von Stauffenberg, die sich flüchtig von früher kannten, enger zusammen, mit dem Ziel. den Sturz Hitlers zu vollziehen.

Die militärischen Vorbereitungen zur Beseitigung Hitlers gründeten sich auf einen Plan mit dem Namen „Walküre". Bereits im Winter 1941/42 hatte Olbricht, Chef des Allgemeinen Heeresamtes (AHA), Hitler einen solchen Plan vorgeschlagen, um inneren Unruhen, hervorgerufen durch die große Zahl ausländischer Kriegsgefangener und Zwangsarbeiter in Deutschland, begegnen zu können. Hitler stimmte dem Plan zu, ohne zu ahnen, dass er von Anfang an gegen ihn konzipiert war. Im Herbst 1943 wurde der Plan konkretisiert. Stauffenberg übernahm diese Aufgabe.

Doch nicht allein. Von Tresckow stellte ihm Major von Oertzen zur Seite, der zum einen seit langem die Pläne kannte und der wie Stauffenberg auf dem Gebiet der militärischen Organisation über großes Talent und reichlich Erfahrung verfügte. Stauffenberg und von Oertzen schrieben, wie Schlabrendorff vermerkte, in tage- und nächtelanger Arbeit den Plan in Befehlsform nieder, der zur Besetzung Berlins durch militärische Kräfte führen sollte.

Was von Oertzen genau in den Wochen vor und während des 20. Juli 1944 in Berlin tat, geht aus einem Gestapobericht hervor, der nach dem Putschversuch und dem anschließenden Verhör sowie anhand von Augenzeugenberichten der Beteiligten zusammengestellt wurde. Sieht man davon ab, dass von Oertzen versucht hat, sich unwissend zu stellen und seinen Anteil beim Attentat zu verschweigen, was ihm teilweise gelang, wird die organisatorische Rolle von Oertzens doch deutlich.

Oertzen, inzwischen Ia einer Korpsabteilung in der 2. Armee, der südlichen der Heeresgruppe Mitte, und damit als unmittelbarer Gehilfe des Kommandeurs für die taktische Führung verantwortlich, reiste Anfang Juli nach Berlin. Oertzen, so seine Aussage, hatte von der Korpsabteilung E der 2. Armee den Auftrag erhalten, für mitgenommene Divisionen der 2. Armee Personal, Waffen und Geräte anzufordern. Dass er als I a mit der Erledigung dieser Aufgabe betraut worden war, erklärte Oertzen damit, dass er als ehemaliger erster Ordonanzoffizier der Heeresgruppe Mitte die Sachbearbeiter beim Chef des Rüstungsstabes kannte und seine Einheit zurzeit in keine Kämpfe verwickelt sei. Das stimmte so natürlich nicht, denn Ende Juni/Anfang Juli startete die Sowjetarmee ihre Sommeroffensive. Von Oertzen wäre also an der Front eigentlich gar nicht abkömmlich gewesen, was zeigt, wie waghalsig und entschlossen die Verschwörer um Stauffenberg waren.

Von Oertzen ging in Berlin Olbricht, sozusagen als dessen I a, zur Hand. Offiziell gab Oertzen an, zwischen dem 9. und 14. Juli in organisatorischen Fragen für die Divisionen der 2. Armee tätig und dabei beim AHA mit Oberst Mertz von Quirnheim und Oberstleutnant Bernardis zusammen gewesen zu sein. Dabei sei es vor allem um die Auffrischung der Einheiten gegangen, und nur beiläufig habe man ihn als Front-1 a über die Möglichkeit eines „Walküre"-Einsatzes befragt.

In Wirklichkeit erkundete von Oertzen Möglichkeiten, so schnell es ging, „Walküre"-Einheiten zu mobilisieren. Bei seiner Inspektion der gesamten Truppen des Wehrkreiskommandos III (WKK) kam von Oertzen zugute, dass er in den Räumen des WKK III arbeitete. Am Sonnabend, dem 15. Juli, an dem zunächst das Attentat auf Hitler geplant war, besuchte Ulrich von Oertzen im Auftrage von Olbricht verschiedene Einrichtungen: die Panzertruppenschule Krampnitz und Wünsdorf, die Panzerlehrgänge Groß-Glienicke, die Infanterieschule Döberitz, die Fahnenjunkerschule der Infanterie Potsdam. Oertzen legte Feststellungszeiten für „Walküre-Einheiten in Listen fest. In seiner Hand lagen damit alle Vorbereitungen, die innerhalb des Berliner Generalkommandos auszulösen waren.

Organisieren - Philipp Freiherr von Boeselager hatte von Oertzen nicht anders kennengelernt: „Weiter gab es im Stab den lebhaften, eleganten Major von Oertzen, den Typ des hervorragenden Organisators, der persönlich tapfer, stets zur Hilfe bereit, es vorzüglich verstand, zu improvisieren. Es gab bei ihm nie das Wörtchen ‚ich kann nicht'".

Als das Attentat dann endgültig auf den 20. Juli festgelegt wurde, musste von Oertzen sowohl seine Aktivitäten, die keineswegs mit dem Grund seiner Dienstreise übereinstimmten, als auch sein längeres Verweilen in Berlin erklären. Da Olbricht dies in der Hektik versäumte, tat es von Oertzen am 17. Juli selbst und telegrafierte an seine Dienststelle an die Front: man wolle ihn für eine besondere Aufgabe länger in Berlin behalten. Anschließend fuhr er nach Cottbus, um die Ersatzbrigade Großdeutschland zu besichtigen.

Am 20. Juli stellte von Oertzen alle Befehle zusammen, mit denen die schnell aufgestellten Einheiten wichtige Objekte des WKK III sichern sollten. 16 Uhr meldete er den Abschluss an Olbricht und wies Bernardis an, die Einheiten zu alarmieren. Die Aktion „Walküre" kam ins Rollen. Von Oertzen kam dabei ein schwieriger Part zu. Er war im WKK III in der Kaiserallee ganz auf sich allein gestellt. Otto Herfurth, der Chef des

Stabs beim WKK III, lehnte ab, die ihm von Oertzen vorgelegten Befehle herauszugeben. Aber Herfurth tat auch nichts, um die Herausgabe zu verhindern. Und von Oertzen ließ sich von der ablehnenden Haltung nicht behindern. Major Hans Graf von Hardenberg aus dem Stab der Heeresgruppe Mitte stellte bei einer Visite während der Aktion im WKK III fest, dass dort mit vorbildlicher Ruhe gearbeitet wurde. „Oertzen hatte sich still eingeschaltet." Und Schlabrendorff meinte: „Auf Oertzen ist Verlass".

Langsam sickerte im Laufe des Abends des 20. Juli auch bis ins WKK III die Nachricht durch, dass Hitler noch lebte und der Putsch gescheitert war. Von Oertzen saß im WKK fest. Gegen 23 Uhr kehrte General Kortzfleisch, Wehrkreisbefehlshaber im Wehrkreis III, zu seiner Arbeitsstelle zurück. Kortzfleisch war während des Putsches im AHA in der Bendlerstraße festgenommen worden und mit Befehl Olbrichts durch Generalleutnant Thüngen ersetzt worden. Kortzfleisch, der davon offensichtlich nichts wusste, befahl Thüngen, zusammen mit einem Oberst Wiese, von Oertzen zu verhören, weil dieser zumindest verdächtig sei. Diesem Umstand hat es von Oertzen zu verdanken, dass er zunächst nicht verhaftet wurde. Kortzfleisch las sich das Protokoll durch und kam zu dem Schluss, dass von Oertzen mehr oder weniger unwissend und zufällig in das Geschehen geraten sei.

Trotzdem ließ ihn Kortzfleisch in Schutzhaft nehmen. Von Oertzen wartete im Vorzimmer des Kommandierenden Generals, da kein geeigneter Raum zur Bewachung zur Verfügung stand. Oberst Wiese beobachtete von Oertzen, wie er in dieser Zeit auf die Toilette ging und registrierte das Geräusch der Wasserspülung, aber auch, dass von Oertzen nicht zum Zimmer zurück, sondern den Gang entlang bis zu einem Flurfenster und einer Löschsandtüte schritt und dort verweilte. Wiese konnte sich keinen Reim darauf machen. Erst später fand man in der Toilette eine Bürste mit verkohlten Borsten, zwischen denen Reste von verbranntem Papier steckten. Von Oertzen hatte belastendes Material verbrannt.

Doch das nützte nichts mehr. Während der Wartezeit im Zimmer des Kommandeurs erinnerte sich die Vorzimmerdame, Frau Spaeth, dass

Oertzen im Herbst 1943 schon einmal längere Zeit ins WKK III abkommandiert war, just zu dem Zeitpunkt, als sich auch Stauffenberg dort aufhielt. Oberst Wiese witterte sofort eine Spur, hatte doch von Oertzen ihm beim Verhör auf die Frage, wie gut er Stauffenberg kenne, geantwortet: „Na, wie man so jemanden kennt." Wiese organisierte sofort eine Gegenüberstellung. Frau Spaeth bestätigte ihre Aussage, und von Oertzen gab seine Bekanntschaft mit Stauffenberg zu.

Nun war Hans-Ulrich von Oertzen klar, dass es nur Stunden dauern könne, bis man ihn endgültig überführen würde. Und er zog für sich die Konsequenz.

Oberst Wiese, gerade auf sein Zimmer zurückgekehrt, hörte plötzlich eine Detonation. Er rannte auf den Flur, wo er den zur Bewachung von Oertzen abgestellten Leutnant Hentze mit blutigen Verletzungen liegen sah und wenige Meter entfernt Major von Oertzen. Oberst Wiese, der Oertzen für tot hielt, ließ mit dem herbeigeeilten Hauptmann Michelsen die Stelle absperren und den Truppenarzt Roques holen. Da bemerkte Wiese, dass von Oertzen noch lebte und laut stöhnte. Trotz schwerer Kopf- und Armverletzungen – von Oertzen hatte bei einem erneuten Toilettengang eine Handgranate an den Kopf gehalten, was Leutnant Hentze nicht verhindern konnte – rutschte von Oertzen etwa zwei Meter zur Wand, wo die Löschsandtüte stand. Oberst Wiese hielt diese Bewegung zunächst für einen Reflex. Doch dann bemerkte er, dass von Oertzen der Tüte einen Gegenstand entnahm, ihn in den Mund steckte und abzog. Wiese konnte noch „volle Deckung" rufen, dann knallte es ein zweites Mal.

Ulrich von Oertzen hinterließ keine Kinder. Noch am 26. März 1944 heiratete er Ingrid von Langenn-Steinkeller in Berlin, ein Zeichen, dass er fest an das Gelingen des Attentates glaubte.

Was also bleibt außer der dürftigen Erinnerung? Was noch bleibt ist das Credo des 20. Juli 1944, das Tresckow, wohl politischer Ziehvater, kurz vor seinem Tode, auch er nahm sich das Leben, beschrieb: „Wenn einst Gott Abraham verheißen hat, er werde Sodom nicht verderben, wenn auch nur zehn Gerechte darin seien, so hoffe ich, dass Gott auch Deutschland um unsertwillen nicht vernichten wird. Niemand von uns kann über seinen Tod Klage führen. Wer in unseren Kreis getreten ist, hat damit das Nessushemd[1] angezogen. Der sittliche Wert eines Menschen beginnt erst dort, wo er bereit ist, für seine Überzeugung sein Leben hinzugeben."

Lars-Broder Keil, Oertzen-Blätter Mai 1992
(Nachdruck aus „Weltspiegel", Sonntagsbeilage des Tagesspiegels
vom 21. Juli 1991)

---

1 verderbenbringendes Geschenk. In der griechischen Sage ein Gewand, das mit dem Blut des von Herakles erschlagenen Zentauren Nessos gefärbt war und das den Träger vergiftete.

Christusgemeinde

Schönbeck

Festgottesdienst
anläßlich der
Wiedereinweihung
der Kirche zu Rattey
und
des Gedenkens an den
Widerstandskämpfer
Hans-Ulrich von Oertzen

5. September 1992

Versöhnungskirche

Rattey

Einladung zum Gedenkgottesdienst 1992

Der Grundstein der Erinnerung
Der erste Gedenkgottesdienst

Lieber Thedwig, über Deinen lieben Brief vom 14. September 92 habe ich mich sehr gefreut. Herzerfrischend, Glückwünsche für die schöne Gedenkfeier in Rattey entgegennehmen zu dürfen! Für Schwerstarbeit zwischen November 91 und September 92!! Herzlichen Dank dafür!

Den Löwenanteil dieser Schwerstarbeit haben die Herren der Kirche geleistet, die Ratteyer Kirche gerettet! Allen voran Gemeindpfarrer Pastor Horst Schröter aus Schönbeck[1]. Sein unermüdlich vorwärtstreibender, von Arbeitsüberlastung erfüllter Einsatz, sein Mut, seine Zuversicht, sei Gottvertrauen!!

Verzeih diesen persönlichen Brief an Dich statt eines offiziell sachlichen Berichtes über den 5. September in Rattey, den Du Dir wahrscheinlich wünschest. Den könnte ich bis zum Erscheinen des Oertzen-Blattes gar nicht schaffen, kann auch nur so schreiben, wie mir – tief ergriffen – ums Herz ist. – Möchte Dich aber nicht vollständig enttäuschen, Dir Deine mühevolle Arbeit, die Du für das Oertzen-Blatt fortlaufend leistest, wenigstens ein bisschen leichter zu machen versuchen.

Was nutzen die phantasievollsten Herzenswünsche und Pläne, ein geliebtes, schlimm mitgenommenes Kirchlein zu retten, einem todesmutigen Vetter eine Gedenktafel zu setzen, wenn keiner mitmacht?? Aber alle, alle haben mitgemacht!! Allen gebührt der heißeste Dank!!

Manchmal sehe ich mittelalterliche Malereien im Geiste vor mir, unserem Ratteyer Marien-Altar ähnlich. Es gibt welche, wie man sie auch unter mittelalterlichen Buch-Illuminationen[2] findet, aus deren oberen Rand. Hoch aus den Wolken, eine kleine segnende Hans erscheint. Es ist, als habe diese Hand alle Hände, die mit der Rettung der Ratteyer Kirche befasst waren, ineinander gelegt zu einem großen Team von Menschen, die nicht einmal alle einander kannten. Einer ohne den anderen hätte nicht bewirken können! – Mein Bruder Hans-Christoph Oertzen gehörte entschieden – immer wieder helfend – dazu, was mich besonders tief bewegt hat. War er doch gerade furchtbar vom plötzlichen Bergtod seiner geliebten jüngsten Tochter Camilla[3] getroffen. Studienfreunde und -freundinnen von ihr waren am 5. September von Berlin nach Rattey gekommen.

Vor Weihnachten 91 hatte ich mich – leichtherzig kühn und ohne jedwede Rückfragen – ganz schnell entschlossen, meinen „SOS-Bilderbogen" mit einem Spendenaufruf zur Rettung des Kirchleins an Freunde und Verwandte im In- und Ausland zu versenden. War es doch so sehr Ruine, in der eine Gedenktafel anzubringen, recht sinnlos gewesen wäre. Natürlich hatte ich diejenigen Freunde ausgespart, die selbst um Heimatkirchen bangen, so die Familie Oertzen zum Beispiel.

Auf den bereits bis März 92 von den ersten Spendern geschenkten Sockelbetrag gab die Landeskirche in schöner Großherzigkeit ein Darlehen an die Gemeinde, das den Rettungsbau möglich machte. Eine unerwartete, große, große hoffnungsvolle Freude! Die Gemeinde mit ihrem Pastor Schröter hat in großer Opferbereitschaft de Kreditantrag unterschrieben; somit wurde sie zum entscheidenden Retter der Kirche! Sie hat eine hohe Zinslast auf sich genommen. Deshalb haben wir der Einladung zur Gedenkfeier einen zweiten Spendenaufruf beigefügt, in der Hoffnung, der Gemeinde die hohe Belastung leichter machen zu können. Wir danken der Landeskirche, der Gemeinde und den Spendern, den allerersten Rettern der Kirche! Sie gaben den Anstoß, lösten eine Lawine aus, die – von vielen Händen weitergestoßen und vergrößert – zum Wunder der unglaublich schnellen Rettung der Kirche geführt hat. Einen neuen Winter hätte sie nicht überlebt!

Generalmajor Henning von Tresckow

Unglaublicherweise begann schon am 15. Juni 1992 der Rettungsbau! Im allerletzten Augenblick, am 4. September, wurde das Kirchlein fertig! Ein Wunder, eine unbeschreibliche Freude, den Herren der Kirche und ihrer rührenden Hilfsbereitschaft zu danken! Ihrer ebenso schwung- wie mühevollen Bereitwilligkeit zu schier unvorstellbarer, nicht wenig aufregender Geschwindigkeit bei allen Maßnahmen, zusätzlich angetrieben durch die große Freude der wundervollen Zusage des Herrn Bundespräsidenten auf unsere Einladung. Wir alle danken ihm von Herzen! Viele, viele Menschen hat er durch sein Kommen herbeigeführt! Mit Pflichten überlastet hat er uns allen seine kostbare Zeit, seine hochbeanspruchten Kräfte geschenkt, Beglückung und Ehre seines Besuches!

Die Gedenkfeier für den Widerstandkämpfer Hans-Ulrich von Oertzen vereint mit der feierlichen Wiedereinweihung und Namensgebung der Kirche waren dieses Wunders Krönung!

Als Pastor Schröter am 18. Juni 1992 für meinen Bruder Hans-Christoph von Oertzen, seinem Sohn Hans-Henning und mich mit einer schönen kleinen Andacht auf dem Ratteyer Kirchhof das neue Grabmal für unsere nächsten Vorfahren einsegnete erklang vom noch gefährlich zur Seite geneigten Turm, auf dem die Zimmerleute in ihren schwarzen Westen mit den blanken Knopfreihen umherkletterten, fröhliches Hämmern zu uns herab, in diese Augenblick schöner als das feierlichste Glockengeläut und die melodischste aller Kirchenmusiken! Ob die Vorfahren sich wohl gefreut haben?

Der liebe Vater Henning von Oertzen, dessen tragisches Geschick, schwere Krankheit und Trennung von seiner jungen Familie auf Nimmerwiedersehen, und immer deutlicher wird; seine jüngste Schwester Else, Hans-Ulrichs Mutter, der Großvater Karl, Landrost[4] zu Mirow, der nach seinem frühen Reitertod vier noch kleine Kinder zurücklassen musste, und seine Frau Isa von Oertzen[5] aus Lübbersdorf der die Verantwortung für die große Begüterung zur Auflage wurde, die Urgroßeltern Adolph und Bertha v. Oertzen, geb. v. Pentz, die die beiden Rettungshäuser für verlassene Kinder in Rattey erbauten.

Nach einer solchen Vorgeschichte, die ja dazugehört, wirst Du verstehen, welch' tief bewegendes Erlebnis die von den drei Geistlichen so wunderbar gestaltete Feier für uns bedeutet. Die vielen hundert Besucher von nah und fern in der brechend überfüllten Kirche – wie gebannt und tief ergriffen haben sie zugehört! Während der langen Wartezeit – schon seit ein Uhr dreißig waren die Menschen hingedrängt – hatte der 50 Personen starke Chor aus Mirow auf der kleinen Orgelempore u singen und der Friedländer Posaunenchor im Altarraum zu blasen begonnen. Nahezu alle haben die herrlichen alten Choräle mitgesungen, die meisten zwangsweise stehend.

Hunderte Menschen warteten am 5. September 1992 bei strömenden Regen auf die Ankunft des Bundespräsidenten Richard von Weizäcker in Rattey.

Wie ein riesiger, wundervoll schallender Klangkörper wirkte die Feldsteinkirche von draußen, wo viele Menschen im strömenden Regen unter den alten Kirchhofbäumen auf den Bundespräsidenten[6] wartend, laut in die schönen Lieder einstimmten. Das herrliche „Dona nobis pacem[7]" empfing ihn, als er – nach einem Asylantenheim-Besuch in Waren und einer Naturschutz-Fahrt an der Müritz – die Ratteyer Kirche betreten konnte. Alle Sitzenden erhoben sich von ihren Plätzen. Weitaus die Überzahl

– alle unter 70 mussten leider stehen. Die Landesregierung von Mecklenburg-Vorpommern wurde durch die Umweltministerin Frau Uhlmann[8] vertreten. Der Herr Ministerpräsident Dr. Seite[9] hatte im letzten Augenblick absagen müssen. Von der Müritz war er direkt zu einer Dichterlesung nach Güstrow gefahren.

Zur Rechten des Herrn Bundespräsidenten Richard von Weizäcker nahm Hans-Ulrichs Witwe, Frau Ingrid Simonsen, geb. von Langenn-Steinkeller[10], Platz, zu seiner Linken Frau Elisabeth Lassen, geb. Gräfin Danneskjold, mit ihrem Mann, unserem dänischen Vetter, Kammerherr Frants Axel Lassen[11], Leutnant bei den Commandos der

Richard von Weizäcker zwischen Ingrid Simonsen, verwitwete von Oertzen (l), und Elisabeth Lassen, geb. Gräfin Danneskjold

englischen Armee. Er wurde als englischer Fallschirmagent und später in dänischen Widerstand eingesetzt. Im September 1944 von der Gestapo in Kopenhagen verhaftet, saß er bis Kriegsende in der Haftanstalt Dreibergen bei Bützow und im Konzentrationslager Neuengamme gefangen.

Mit zwei ihrer Kinder waren die Familie und Elisabeth mit der Fähre von Seeland herübergekommen.

Axel Freiherr von dem Bussche-Streithorst

Anders Frederik Emil Victor Schau Lassen

Von unseren vier Wider-
stand-Vettern hat außer Frants
nach Major a.D. Freiherr Axel
von dem Bussche-Streithorst. Der
von Bonn gekommen war, durch
Zufälle überleben können. Axel's
Attentat auf Hitler wurde – wie
so viele andere – plötzlich ver-
hindert. Die Uniformen, die von
Hitler und seiner nächsten Ge-
folgschaft besichtigt werden sollte, wurden durch Fliegerbomben
kurz zuvor vernichtet. Die Bombe,
mit der Axel unter Aufopferung
des eigenen Lebens Hitler hatte
umarmen wollen, hat ihn durch
viele Lazarette gefährlich lange
begleiten müssen. Ein neues Attentat konnte er – seiner schweren
Verwundung wegen – nicht mehr
durchführbar. – Axel war Träger
des Ritterkreuzes.

Der ältere Bruder von Frants,
Major Anders Lassen[12] , ist im dänischen Widerstand auf englischer
Seite in den letzten Kriegstagen in
Italien gefallen. Er war dreimal mit
dem Military Cross (MC) ausge-
zeichnet worden und als einziger
Ausländer[13] postum mit dem Vic-
toria Cross. In Dänemark, wo er
als Nationalheld gefeiert wird, erinnern Denkmäler an ihn.

Captain Victor Emil Lassen, der Vater der beiden Brüder, war ein Bruder unserer Mutter, Estrid v. Oertzen, geb. Lassen. Ihre Schwester, Jenny v. d. Bussche, geb. Lassen, war Axels Mutter.

Der vierte Vetter war Hans-Ulrich von Oertzen, Schwestersohn unseres Vaters Henning von Oertzen auf Rattey, bei dem er seine Kindheit im Ratteyer Haus verlebte. Sein Vater, Ulrich von Oertzen aus dem Hause Lübbersdorf-Teschow, ist als Hauptmann und Kompaniechef des Großherzoglich Mecklenburgischen Grenadier-Regiments Nr. 89 am 27. Februar 1916 bei Somme-Py-Souain in Frankreich gefallen[14] Seinen Sohn hat er nie gekannt. Als Major im Generalstab gehörte Hans-Ulrich zu den Hauptorganisatoren des Attentats vom 20. Juli 1944 und in den engsten Kreis um Stauffenberg[15], Olbricht[16], Tresckow[17]. Nach seiner Verhaftung nahm er sich am 21. Juli das Leben. Keinesfalls wollte er sich durch raffinierte und furchtbare Foltermethoden zur Preisgabe von Kameradennamen zwingen lassen!

Vier völlig unterschiedliche Schicksale im Widerstand! Zwei Dänen zwei Deutsche! Zwei überlebten durch Zufälle, zwei gaben ihr Leben. – Fordern sie nicht heraus, eine Gedenkstätte für die Opfer der Gewaltherrschaften zwischen 1939 und 1989 in Rattey ins Leben zu rufen?!

Das Nachfolgehaus „Bethanien" steht noch immer in Neubrandenburg auf dem Berg an der großen Ausfallstraße nach Neustrelitz und Berlin. – Hans-Ulrich war vom festen Glauben dieser – auch unserer Urgroßeltern – zutiefst geprägt gewesen, betonte Herr Landessuperintendent[18] der aus eindrucksvollen Feldpostberichten des Soldatenpfarrers Ufer[19], die Brigadegeneral Emil Hofmann[20], der 1933 mit Hans-Ulrich zusammen als Fahnenjunker[21] eingetreten war, Frau Ingrid Simonsen, Hans-Ulrichs Witwe, übersandt hatte.

Pastor Horst Schröter, der den liturgischen Teil des Gottesdienstes übernommen hatte, sprach den Segen und bat den stellvertretenden Standortältesten der Neubrandenburger Garnison, Admiral von Hößlin[22], der in seiner blau-goldenen Uniform gekommen war, die Gedenktafel, die mit der Bundesfahne verhängt und mit Blumen und Eichenlaub umkränzt war, zu enthüllen. Dipl.-Architekt Torsten Simonsen hatte die schlichte Marmortafel nach den Wünschen seiner Mutter, Hans-Ulrichs Witwe, entworfen. Danach bat Pastor Schröter die beiden Redner, das Wort zu ergreifen.

Joachim von Oertzen aus München, langjähriges Vorstandsmitglied der Firma Siemens, Vorsitzender des Oertzenschen Familienverbandes, ehrte Hans-Ulrich im Namen der großen Familie, die das Andenken an diesen mutigen Widerstandkämpfer aus ihren Reihen bei der jüngeren Generation wach halten möchte. 34 Söhne hat die Familie Oertzen im letzten Krieg hergeben müssen, im ersten Weltkrieg 26. Der Vetter Joachim sprach auch über Hans-Ulrichs-Schule zu Salem und die bedeutsame Erziehung Kurt Hahns, ein Ziel in diesem Leben anzustreben, das über den eigenen Interessen steht. Ein Ziel, das unerschrockenen Widerstand gegen Gewaltherrschaft prädestiniert.

Das von Dr. Klaus Maertens 1963 nach einem Foto gemalte Porträt von Hans-Ulrich von Oertzen hing noch 1992 im „Wohnzimmer" von Schloss Salem. Zwischen 1992 und 2012 kam es ins Kurt-Hahn-Archiv. Es befindet sich dort im Magazin und ist nicht mehr öffentlich zu sehen.

Ich kann mir gar nicht verzeihen, den Vetter Jochen auf die Salemer Abordnung hinzuweisen versäumt zu haben. Eine ganze Schulklasse, die mit ihrer Lehrerin, Frau Jutta Fensch auf einer Klassenfahrt einen großen Umweg nach Rattey bei strömenden Regen unternommen hatte, den mutigen Mitschüler ihrer Alt-Salemer zu ehren. Sein Porträt hängt im „Wohnzimmer" zu Salem. Jochen hätte sie gewiss mit Freude begrüßt. Unseren dank an die liebenswerten jungen Menschen kann ich leider nur schriftlich nachholen.

Zum Schluss sprach sehr eindrucksvoll und kurz General Ernst Ferber[23] in Vertretung der Traditionsgemeinschaft von Hans-Ulrich Eintrittsjahrgang 1933 und seiner Reichwehreinheit, der 6. (Preußische) Nachrichten-Abteilung Hannover[24], von denen auch Brigadegeneral Emil Hofmann, Oberst a. D. Freiherr Joachim von Maltzahn und Oberst a. D. Harro Uelzen gekommen waren. Ganz einfach und frei sprach General Ferber in ergreifender Glaubwürdigkeit bewegende herzliche Wor-

Zum Schluss erinnerte General a.D. Ernst Ferber an Hans-Ulrich von Oertzen wie nur ein Kamerad über einen Kameraden sprechen kann.

te, wie sie nur ein Kamerad zum Kameraden sprechen kann. Als er zuvor sein Kommen von München nach Rattey in Aussicht stellte, und ich ihm dafür dankte, sagte er nur schlicht: „Das bin ich Hans-Ulrich schuldig."

Du siehst, ich kann Dir nur mit diesem persönlichen Brief auf die Kürze beizuspringen. Hoffentlich wirst Du zusätzlich Deine eigenen persönlichen Eindrücke im Oertzen-Blatt schildern, auch die Namen der anwesenden Mitglieder der Familie Oertzen aufführen, die mir nicht vollständig vorliegen. Ich bin noch nicht dazu gekommen, die drei Geistlichen um den Wortlaut ihrer Ansprachen zu den zugrundeliegenden Bibelversen zu bitten, noch Jochen und General Ferber um ihre Manuskripte. Es sind ja nur die ersten Eindrücke dieses großen Erlebnisses mit dem tiefempfundenen Dank an den Herrn Bundespräsidenten, die drei Geistlichen und die Landeskirche, die ich hier zum Ausdruck bringen kann. Nicht zu vergessen der Oberbaurat Wolf[25] vom Oberkirchenrat zu Schwerin und den Kirchenbaubeauftragten Rohde in Feldberg und alle, die beteiligt waren. – Du wist verstehen, wie sehr die zahllosen, unaufschiebbaren Dankesbriefe, die ich dringend schreiben möchte, mein Gewissen bedrücken.

Berta von Buchwaldt (l), geb. von Oertzen, hatte Bundespräsident Richard von Weizäcker nach Rattey eingeladen.

Der Gottesdienst durfte ja laut Protokoll nur eine halbe Stunde lang dauern. Leider verschob sich alles, und dem Herrn Bundespräsidenten blieb allzu wenig Zeit, sich der Bevölkerung zu widmen, worauf er und wir so großen Wert gelegt haben.

Der dritte Teil des Festtages war ja zu meiner größten Trauer im wahren Sinne des Wortes ins Wasser gefallen!! Der katastrophalen Regengüsse wegen! Die bereitgestellten hellgelben Tische und Bänke – dreihundert

Der Bundespräsident Bonn, den 3. März 1992

Frau
Bertha von Buchwaldt
Warburgstraße 9

2000 Hamburg 36

Verehrte Frau von Buchwaldt,

Axel übermittelte mir Ihren Brief, für den ich Ihnen herzlich danke. Es ist sehr liebenswürdig, daß Sie uns vorschlagen, während des Sommerhalbjahres einmal mit Ihnen nach Rattey in Mecklenburg zu kommen.

Ich will versuchen, Ihren Gedanken aufzunehmen, kann leider aber noch nichts Definitives vorschlagen. Es gibt einen Plan, wonach ich die Naturschutzmaßnahmen rund um den Müritzsee besuchen soll. Falls sich dies realisieren läßt, wäre ein Besuch in Rattey damit, wie ich hoffe, vereinbar.

Bitte haben Sie Nachsicht mit der Unbestimmtheit meiner heutigen Antwort. Ich werde werde mich sobald wie möglich wieder melden und bin bis dahin

Mit meinen besten Empfehlungen
Ihr ergebener Richard Weizsäcker

Sitzplätze – wurden überflutet. Trotz aller Bemühungen der hilfsbereiten Männer der Neubrandenburger Brauerei[26] mussten die schützenden Schirme eingeholt und das Zelt konnte nicht, wie vorgesehen, an der Breiteseite offen aufgestellt werden, so sehr schlug der regen hinein! Die geöffnete Schmalseite wirkte leider wenig einladend, die Kühle auch nicht. „Doch der Segen kommt von oben!" Der Herr Superintendent verlor den Humor nicht.

Nur allzu wenig konnte es zu den von mir so herzlich erhofften Begegnungen und ungezwungen fröhlichen Gesprächen zwischen den Mecklenburgern und ihren Besuchern aus dem In- und Ausland kommen! Die Erfüllung dieses Herzenswunsches ist mir versagt geblieben. Eine der wesentlichen und wichtigen Sinngebungen dieses Festes hatte ich in diesen freundlichen Begegnungen in so selten darstellbarer privater Atmosphäre gesehen. Es fällt mir echt schwer, Petrus nicht noch immer zu grollen! Die Rettung der Kirche aber, diese noch immer unfassliche Freude, ihre Wiedereinweihung, die schöne Gedenkfeier, der heiße Dank an alle, die das bewerkstelligt haben, überstrahlen alles!

„Es kommt bald wieder eine Gelegenheit", suchte Herr von Hammerstein[27], Vorsitzender des Hilfswerk 20. Juli[28] und früherer Leiter des Nordwestdeutschen Rundfunks in Hamburg, mich nach einer Woche zu trösten. „Wie das?", fragte ich verzagt. Vielleicht sollen wir uns eben nicht auf voll gelungenen Lorbeeren ausruhen, lieber am Ball bleiben, das soziale Werk unserer Urgroßeltern wieder ins Leben zu rufen uns bemühen. Vielleicht schenkt uns der liebe Gott die Kräfte dazu.

Einmal gewiss wird die den Urgroßeltern Adolph und Bertha dereinst von ihren vierzehn Kindern zur Silbernen Hochzeit über dem Eingang des Ratteyer Hauses gewidmete Marmortafel – vielleicht nur von braungrauem Zementputz dick überkleistert – wieder aufleuchten mit ihrer Inschrift „Ich uns mein Haus wollen dem Herrn dienen." (Jos.24,15) Scheinen nicht diese zurzeit am Haus noch unsichtbaren Worte auf ihre Befreiung und Wiederbelebung zu warten?

Eine Akademie für Politische Psychologie, zur psychologischen Erforschung und Bekämpfung politischer Verbrechen, von Gewalt und Fremdenhass, könnte in dem schönen klassizistischen Haus entstehen, Prototyp des preußisch-mecklenburgischen Gutshauses. Wie in Tagungen und Seminaren diese wertvollen Erkenntnisse nicht auf Universitäten und Justiz beschränkt blieben, aber Lehrern, Erziehern, Geistlichen und Eltern zugänglich und verständlich gemacht werden könnten, damit sie überall wirksam werden.

Ein für diesen Zweck unentbehrlicher Hotelbetrieb könnte außerdem einige Pflegplätze möglich machen, nur so viele, wie die Gemeinde braucht, damit ihre alten Menschen in ihrer gewohnten Umgebung bleiben und ihren Lebensabend im Kreis ihrer Verwandten und Nachbarn verbringen dürfen.[29]

Eine Akademie für Politische Psychologie, zur psychologischen Erforschung und Bekämpfung politischer Verbrechen, von Gewalt und Fremdenhass hätte nach den Ideen von Berta von Buchwaldt in ihrem Elternhaus entstehen können.

Kleine Gewerbe-, Ökolandwirtschafts- und Tierhaltungsbetriebe könnten rings herum entstehen und zusätzliche Arbeitsplätze schaffen. Eine Stiftung zur Finanzierung solcher Pläne müsste mit tätiger Hilfe kluger Menschen ins Leben gerufen werden.

Noch ein dankbares Wort zu den großartigen Artikeln des Neubrandenburger „Nordkuriers" über Hans-Ulrich von Oertzens Leben und

Tod, die Festvorbereitungen in Rattey und herausfordernd wieder – die historische Bedeutung des kleinen Dorfes, die Berichte über den herrlichen Gottesdienst und den unvergesslichen Besuch des Bundespräsidenten. Du hast ja alle Presseausschnitte bekommen. In ihrer schönen und positiven Haltung, ihrer versöhnlichen und sorgfältigen Informiertheit verdienen sie Bewunderung und Hochachtung.

Solches und viel Dank kommt auch von beiden wochenlang mit Organisationsarbeiten überlasteten Bürgermeistern, den Herren Reuter aus Schönbeck und Mohs[30] aus Rattey zu, der Polizei, echt dein Freund und Helfer, und allen Ordnungskräften, den der strömendes Regen ja nicht gerade die Arbeit [31]erleichterte!

Etwas besonders Schönes noch zum Schluss: In einem großen Auto – bis unter das Dach mit Blumen angefüllt – erschien ganz allein am Vortage Frau Irmgard von Mohl, geb. von Leyser, aus Bad Segeberg in Holstein. Voll Eifer schmückte sie liebevoll und wunderschön am nächsten Vormittag das Zelt, die Tische, die Kircheneingänge, Haustür und Inneres des Gutshauses üppig mit Blumen und Laub.

Seit ihrer gemeinsamen Schulzeit in Obernkirchen und „Ipse's" dreijähriger Haustochterzeit in Ingrids Elternhaus auf Bellin in der Neumark sind die beiden treue Freundinnen. Als Ingrid und ihr Vater nach dem 20. Juli 1944 inhaftiert wurden, hat das tapfere junge Mädchen „Ipse" in der berüchtigten Prinz-Albrecht-Straße[32] in Berlin eine Besuchserlaubnis erkämpft und die Freundin im Gefängnis in Frankfurt an der Oder besucht. Im verwaisten Hauswesen zu Bellin hat sie voller Einsatzbereitschaft alle Verantwortung übernommen.

„Ich habe den geliebten Ulli ja noch gekannt, als er mit Ingrid verlobt und verheiratet war", sagte sie in Rattey, als ich ihr für die Blumenfülle dankte. Eine Tat war das, ein Geschenk an Hans-Ulrich, an Ingrid und an Rattey!

(Bertha von Buchwaldt, Brief an Wilhelm-Thedwig von Oertzen[33],
über die Gedenkfeier
für Hans-Ulrich von Oertzen und die Wiedereinweihung der Kirche zu
Rattey am 5. September 1992)

1 Pastor Horst Schröter aus Goldberg war die Pfarrstelle in der Kirchgemeinde Schönbeck zum 1. Oktober 1979 übertragen worden. Er blieb bis Mitte 1996 im Amt. Dann wurde ihm zum 15. Juli die vakante Pfarrstelle in Fürstenberg übertragen. Ab dem 1. Februar 1995 wurde er außerdem zum Propst der Propstei Friedland bestellt.

2 Malerischer Buchschmuck

3 Barbara Camilla von Oertzen wurde am 21. Mai 1965 in Wiesbaden geboren.

4 Obrigkeitliche Person, Vertreter des Landesherrn in einer Region, oberste Aufsichtsperson aller Amtspersonen der ihm unterstehenden Region.

5 Kosename von Luise von Oertzen (1848-1922), die in Lübbersdorf geboren wurde und in Greifswald starb.

6 Richard von Weizäcker (1920-2015) wurde am 23. Mai 1984 zum sechsten deutschen Bundespräsidenten gewählt. Bei der Wahl am 23.Mai 1989 wurde er im Amt bestätigt. Nach Theodor Heuss war er der bisher einzige Bundespräsident, der zwei vollständige Amtszeiten absolviert hat.

7 Dreistimmiger Kanon, Autor und Komponist unbekannt, wird seit den Kreuzzügen gesungen. Übersetzt: Gib uns Frieden.

8 Petra Uhlmann war vom 27. Oktober 1990 bis 30. März 1993 die erste Umweltministerin Mecklenburg-Vorpommerns. Die 1960 geborene CDU-Politikerin ist heute Leiterin der Unternehmenskommunikation bei E.ON Kernkraft.

9 Der Berndt Seite war vom 19. März 1992 bis zur Landtagswahl am 27. September 1998 Ministerpräsident von Mecklenburg-Vorpommern. Der promovierte Tierarzt ist heute Schriftsteller.

10 Ingrid Simonsen (1922-2015) hatte am 26. März 1944 Hans-Ulrich von Oertzen geheiratet. Mehr als zwei Jahre nach Kriegsende ehelichte sie am 10. August 1947 in Hamburg Dr. Martin Simonsen, Chefarzt des Kreiskrankenhauses Bad Segeberg.

11 Frants Aksel Lassen (1922-1997) war von 1942 bis 1945 Leutnant in der britischen Armee. Er sprang mit dem Fallschirm als Kundschafter über Dänemark ab und wurde dort am 1. September 1944 von der Gestapo verhaftet. Von 1951 bis 1954 dienste er als Angehöriger der US-Armee in Deutschaland. Frants Aksel Lassen war Hauptmann der dänischen Armee, Kammerherr und Hofjägermeister.

12 Anders Frederik Emil Victor Schau Lassen (1920-1945) war ein hochdekorierter dänischer Soldat, der als Angehöriger der Britischen Armee in Nordwesteuropa, Nordafrika, auf Kreta, den Ägäischen Inseln, dem griechischen Festland, Jugoslawien und Italien kämpfte. Er fiel am 9. April 1945 bei einem Stoßtrupp-Unternehmen am Comacchio-See in der Emilia-Romagna, Italien. An ihn erinnert in Dänemark unter anderem eine unter der Schirmherrschaft des Kronprinzen stehende Anders-Lassen-Stiftung.

13 Er war der einzige ausländische Empfänger, der keinem Commonwealth-Staat angehörte.

14 Gemeint ist die Straße zwischen Somme-Py und Souain, etwa 50 Kilometer westlich von Verdun.

15 Claus Schenk Graf von Stauffenberg (1907-1944), zur Zeit des Attentats Stabschef beim Befehlshaber des Ersatzheeres.

16 Friedrich Olbricht (1888-1944), General der Infanterie, löste am Tag des Umsturzversuches den für den Fall innerer Unruhen vorbereiteten „Walküre"-Plan zur Mobilmachung des Ersatzheeres aus.

17 Henning von Tresckow (1901-1944), Generalmajor, eine zentrale Figur des militärischen Widerstands, zur Zeit des Attentats Stabschef der 2. Armee an der Ostfront.

18 Kurt Winkelmann (1932-1936) war von 1978 bis zu seinem Tod Landessuperintendent des Kirchenkreises Stargard. 1992 wurde ihm die Ehrenbürgerschaft der Stadt Neustrelitz verliehen.

19 Ernst Ufer, Jahrgang 1899, evangelischer Pfarrer der 251. Infanteriedivision während des Zweiten Weltkrieges. Er gab 1970 im Selbstverlag in Düsseldorf das Buch „Männer im Feuerofen – Tageserlebnisse eines Kriegspfarrers 1939-1945" heraus. Auf das Buch bezieht sich Berta von Buchwaldt.

20 Brigadegeneral Emil Hofmann (1915-2004)

21 Fahnenjunker ist seit 1918 die Dienstgradbezeichnung für einen Unteroffiziersdienstgrad. Die Ernennung zum Fahnenjunker erfolgte für Offizieranwärter des Heeres bis 2005 mit Vollendung des 12. Dienstmonats und nach Bestehen des Offiziersanwärterlehrgangs Teil I (OAL I).

22 Flottenadmiral Hans-Jürgen von Hößlin, Jahrgang 1937. Seit 31. März 1996 a.D.

23 General Ernst Ferber (1914-1998) trat 1933 als Offiziersanwärter in die Reichswehr ein, wurde 1939 in die Wehrmacht übernommen. Nach Gründung der Bundeswehr wurde Ernst Ferber 1956 als Oberst reaktiviert. Zuletzt war er Oberbefehlshaber der Allied Forces Central Europe der NATO. Im September 1975 wurde er in den Ruhgestand versetzt.

24 Die Nachrichtenabteilung unterstand bis 1934 der 6. Division (Reichswehr).

25 Gemeint ist Kirchenoberbaurat Gisbert Wolf beim Oberkirchenrat Schwerin.

26 Der Betrieb wurde 1991 an den Hamburger Kaufmann Peter Rothe erworben. Durch „ein Versehen" kam es am 15. März 1995 zum Abriss von unter Denkmalschutz Produktionsgebäuden der alten Brauerei in der Demminer Straße. Ein Jahr später musste der Gesamtbetrieb Nordbräu Konkurs anmelden. 2009 verschwand mit dem Abriss des Verwaltungsgebäudes der letzte Rest des Neubrandenburger Traditionsbetriebes in der Demminer Straße-.

27 Ludwig Freiherr von Hammerstein (1919-1996) gehörte zu den Männern des 20. Juli und hatte am Tag des Putsches die Aufgabe, in der Bendlerstraße SS-Angehörige und Wehrmachtsoffiziere, die als Hitleranhänger bekannt waren, zu entwaffnen und zu arretieren.

28 Die Stiftung 20. Juli 1944 wurde 1945 als Hilfswerk 20. Juli 1944 von Familien ermordeten Widerständler und Widerständlerinnen gegründet. Sie erhielt 1949 die Rechtsform einer Stiftung. Zunächst kämpfte sie für die materielle, rechtliche und seelische Unterstützung der Angehörigen der Ermordeten Widerstandkämpfer. Gleichzeitig setzte sie sich für deren Rehabilitierung ein, da sie in der Bundesrepublik teilweise offen diffamiert und von einer Mehrheit der Deutschen skeptisch bis ablehnend beurteilt wurden. Heute vermittelt die Stiftung Kenntnisse über den Widerstand.

29 Das 1806 erbaute Gutshaus wurde Mitte der 1990er Jahre von zwei Bremer Rechtsanwälten erworben, umfassend saniert und von der Wutzke & Förster GbR seit1998 als Hotel betrieben. Am 6. Dezember 2010 wurde es im Rahmen einer Teilungsversteigerung am Amtsgericht Neubrandenburg von der Inselmühle Usedom GmbH, einer Rostocker Firma, erworben.

30 Hans-Joachim Mohs

31 Alf Reuter

32 Heute Niederkirchnerstraße, benannt nach der kommunistischen Widerstandkämpferin Katja Niederkirchner 1891 erhielt sie ihren Namen nach dem vormaligen Eigentümer des Prinz-Albrecht-Palais. Zwischen 1933 bis 1945 hatten in der Straße die Gestapo-Zentrale, das Reichssicherheitshauptamt sowie die SS ihren Sitz, im Palais selbst das SD-Hauptamt sowie der Chef der Gestapo.

33 Wilhelm Thedwig von Oertzen (1921-2011) war ein Agrarjournalist und anerkannter Familienforscher. Er war Herausgeber der Oertzen-Blätter Familienblätter.

1994 im ZDF-Länderjournal

Am 20. Juli 1994 wurde zum 50-jährigen Gedenken vom stellvertretenden Landrat Friedrich[1] aus Neustrelitz ein wundervoller Kranz mit Schleife der Landesregierung in Schwerin und gelben Lilien an der Gedenktafel für Hans-Ulrich von Oertzen in der Ratteyer Kirche niedergelegt.

Dies sei die zentrale kirchliche Feier zum Gedenken an den Widerstand in Mecklenburg, sagte der stellvertretende Gemeindepfarrer aus Friedland in seiner hübschen Einleitungsansprache. Im kleinen Rattey!!

Landessuperintendent Kurt Winkelmann, der am 5. September 1992 in Rattey gepredigt hatte, hielt eine schöne über den Widerstand informierte Andacht und gedachte am Schluss auch des am 26. Jan. 93 verstorbenen Axel von dem Bussche, der der Feier am 5. September 92 beigewohnt hatte, um seines Widerstandskameraden Hans-Ulrich v. Oertzen zu gedenken.

Die Feier war von Frau Waltraud Neumann (Kirchenvorstand Rattey) sehr umsichtig vorbereitet worden, die Kirche von Frau Rausch bezaubernd geschmückt. Es war bei leuchtendem Sonnenschein eine sehr harmonische und stimmungsvolle Feier, zu der ungefähr 50 Menschen aus Gemeinde und Umgebung gekommen waren.

Die Kirche in ihrem schönen Schmuck und das Dorf und ein Interview des Ehepaares Neumann sind im ZDF-Länderjournal sehr hübsch gesendet worden, auch ein paar Bilder vom 5. Sept. 92 mit dem Bundespräsidenten, mit Frau Simonsen, verw. Hans-Ulrich v. O., und der Veranstalterin Bertha von Buchwaldt. Beide nehmen zusammen mit Henning v. Buchwaldt an der schönen Feier zum Gedenken an Hans-Ulrich am 20. Juli 1994 teil.

(Aufzeichnungen in einem umadressierten und nicht datierten Brief, mit dem sich Bertha v. Buchwaldt (Bobby) für die herrlichen Sommerwochen in Neudorf am 26. Juli bis 15. August 1994 bedankt.)

---

1 Gemeint ist Gemeindedirektor Klaus Friedrichs (1940-2017). Als Beauftragter aus den alten Bundesländern war er vom 12. Juni 1994 bis zum 1. Dezember 1994 Übergangslandrat im Landkreis Mecklenburg-Strelitz Er kam aus der Gemeinde Belm im Partnerlandkreis Osnabrück.

Leben mit einem beherzten Mann

Seine Frau Ingrid Simonsen erinnert sich an den Hitler-Gegner Hans-Ulrich von Oertzen

„Ich war sehr, sehr jung." Mehr als sechzig Jahre danach kommt Ingrid Simonsen noch immer ins Bewundern, wenn sie von ihrem Uli spricht. Hans-Ulrich von Oertzen war einer der jüngsten Hitler-Attentäter und sie ist eine der wenigen noch lebenden Witwen der Männer des 20. Juli 1944. Als Zwanzigjährige traf Ingrid von Langenn-Steinkeller

Hans-Ulrich und Ingrid von Oertzen

den jungen Oertzen am 2. August 1943 in Mantel (Kreis Königsberg in der Neumark) im Hause der Eltern ihres gefallenen Verlobten Sieghard, mit dessen Bruder Oertzen befreundet war.

Noch heute kann die sympathische Achtzigjährige, die in Bad Segeberg (Schleswig-Holstein) lebt, beschreiben, wie sie nach gemeinsamem Kaffeetrinken an großer Tafel im Park spazieren gingen. „Wir sprachen nicht lange, aber intensiv. Nach dem Ende seines Generalstabslehrgangs erlebten wir, wieder in Mantel, wohltuende, schöne Tage. Wir schwammen gemeinsam im See, kamen uns immer näher. Aber kennengelernt haben wir uns eigentlich durch Briefe. Sehr intensiv."

Geblieben sind 230 Briefe

Beim Stichwort „Briefe" steht sie auf und holt flink einen Aktenordner. Sie blättert dann in 230 Briefen, die sie von ihm bekommen hat. Ihr Ulrich war nach einem Lehrgang als Generalstabsoffizier und den schönen Tagen mit ihr zur Heeresgruppe Mitte an die Ostfront abkommandiert worden. Hier begann seine Zusammenarbeit mit Henning von Tresckow und sein Weg in den Widerstand gegen das faschistische Regime.

Der widerständische Oberst von Tresckow sammelte früh schon junge Stabsoffiziere um sich. Er wurde nach Zeitzeugenaussagen zum „Herz und Motor des militärischen Widerstandes". Zu von Oertzen war nach Aussage von Fabian von Schlabrendorff, dem Adjutanten des Obersten, schnell eine enge Bindung entstanden. „Tresckow hat ihn ganz nahe an sich herangezogen." Er nutzte dessen besonderes Talent für Planung und Organisation.

Schließlich kam von Oertzen aus einer bekannten mecklenburgischen Adelsfamilie mit weitreichenden militärischen Traditionen und hatte mit Offizierslehrgang, Kriegsakademie und Dienst als Generaladjutant in Wien gute Voraussetzungen. Im Sommer 1943 schlossen sich Henning von Tresckow und Claus Schenk Graf von Stauffenberg enger zusammen, um Hitler stürzen zu können. Der junge Generalstabsoffizier von Oertzen arbeitete als Verantwortlicher für Ausbildungsfragen im Stab der Heeresgruppe Mitte, wo ein Zentrum der militärischen Opposition gegen den Führer entstanden war.

Heimlich verlobten sich Ingrid und Uli. Tresckow wurde später ein Fürsprecher der Ehe, als sein Freund von Oertzen offiziell bei Ingrids Vater um deren Hand angehalten hatte. Im September 1943 standen drei Wochen gemeinsamer Urlaub in Aussicht, aber es blieben nur einige Tage übrig. Der junge Major i. G. (im Generalstab) aus Rattey bei Friedland in Mecklenburg war bereits mit den Planungen für den Staatsstreich gegen Hitler beschäftigt. Graf Stauffenberg und von Oertzen schrieben den Attentatsplan in Befehlsform nieder.

Bemerkenswert ehrgeizig

Ingrid Simonsen blättert in Fotos und zeigt ein Bild des jungen Ulrichs. „Über seine Kindheit hat er nicht viel erzählt. Er war das einzige Kind einer ziemlich mittellosen Offizierswitwe. Sein Vater fiel bereits im Ersten Weltkrieg auf dem Schlachtfeld in Frankreich. Er hatte ein gutes Verhältnis zu seiner Mutter." Mit seinen Kindheitserinnerungen wollte er sich mit Ingrid nach dem Kriege befassen. Ihre Augen strahlen, wenn sie ihn skizziert. Er sei zeichnerisch begabt gewesen, musikalisch weniger. Kein Wunder, seine Mutter war Malerin. Er träumte davon, dass „unsere Kinder mit Tuschkasten auf die Welt kommen werden". Motorrennsport und Reiten waren seine Vorlieben und Stärken, denn er war bemerkenswert ehrgeizig. In diesen

Hans-Ulrich war ein begeisterter Reiter.

beiden Sportarten errang der aufstrebende Offizier nicht nur Preise und Ehrenzeichen, sie prägten schon früh eine wesentliche Eigenschaft: sich mit ganzer Konzentration für eine Sache einzusetzen.

„In dieser Leidenschaft fürs Reiten und Malen haben wir uns getroffen und vereint. Außer mir hatte wohl Henning von Tresckow starken Einfluss auf meinen Mann. Sie wollten gemeinsam das einzig Mögliche zur Rettung Deutschlands vor der Katastrophe wagen. Ulrich hatte unbeschreibliche Lebenskräfte, obwohl ich ja damals noch nicht wusste, was er noch vor sich und auszuhalten hatte."

Ingrid Simonsen schaut dann auf die Hochzeitsbilder. „Am 26. März 1944 haben wir geheiratet. Es folgten drei Wochen Hochzeitsreise und Urlaub in Wien, die schönste Weile, die Kernzeit unserer Ehe. Wissen Sie, Ulrich war humorvoll und sehr positiv eingestellt. Für seine Jugend war er bereits eine starke Persönlichkeit. Ich hatte große Freude an seinen Briefen. Themen gingen uns nie aus. Übrigens, auch heute lese ich noch viel in den Briefen." In jener Zeit wurde der jungen Frau klar, dass ihr Mann ein Hitler-Gegner war. Über die Form des Widerstandes hat sie sich damals keine Gedanken gemacht. In dieser Sache war er „wahnsinnig verschlossen und vorsichtig". Erst Monate später erfuhr Ingrid Simonsen Details seines Widerstehens. Anfang Juli 1944 – so belegen schriftliche Quellen – wurde Hans-Ulrich von Oertzen von der Ostfront nach Berlin abgerufen, um nach offizieller Darstellung für Divisionen der 2. Armee Personal, Waffen und Geräte anzufordern. Seine Frau fragte an einem Abend in dieser Zeit, was er eigentlich mache. Als von Oertzen ihr Genaueres erzählen wollte, lehnte sie ab. „Du hast Deine Gründe für Deine Haltung, und die respektiere ich."

So gab sie ihm das sichere Gefühl, sein Engagement zu unterstützen.

Tagsüber arbeitete er offiziell an der Auffrischung der Einheiten für die Sommeroffensive an der Ostfront, nach Aktenlage aber hat er bei den Truppen des Wehrkreiskommandos III erkundet, wie schnell Einsatzkräfte für die Operation „Walküre" – eine Tarnbezeichnung – mobilisiert werden konnten. Philipp Freiherr von Boeselager schreibt darüber: „Weiter gab es im Stab den lebhaften, eleganten Major von Oertzen, den Typ des hervorragenden Organisators, der persönlich tapfer, stets zur Hilfe bereit, es vorzüglich verstand, zu improvisieren. Es gab bei ihm nie das Wörtchen ‚ich kann nicht'." Von Oertzen fuhr Abend für Abend aus Berlin nach Potsdam, wo er sich mit seiner Frau in einer Wohnung von Freunden traf. Morgens fuhr er nach Berlin zurück. Am 20. Juli 1944 aber kam nur ein Anruf. „Du wirst gehört haben, was passiert ist. Ich komme heute nicht", sagte von Oertzen seiner Frau.

Der letzte Anruf

In diesen Abend- und Nachtstunden stand Deutschland unter der Doppelbelastung von Welt- und Bürgerkrieg. Der Putsch brach binnen Stunden zusammen. Am nächsten Morgen rief Ulrich erneut an: „Ich bin mit dem Attentat in Verbindung gebracht worden. Ich habe damit nichts zu tun. Bis die Dinge geklärt sind, fahre bitte ins Hotel zu Deinem Vater." Dort wartete schon die Militärpolizei auf sie und fuhr mit ihr zu einer Durchsuchung in die Potsdamer Wohnung. Ohne Erfolg. In diesen Stunden spürte Hans-Ulrich von Oertzen offenbar die bevorstehende Verhaftung und setzte seinem Leben ein Ende. Im Geheimbericht des Kriminaltechnischen Institutes der Sicherheitspolizei vom 23. Juli 1944 rekonstruierten die Ermittler die Verzweiflungstat. „Der Selbstmord des Majors von Oertzen erfolgte auf dem Flur in der Nähe des Flurfensters." Es folgen Details über die Selbsttötung mit zwei Handgranaten.

An den Moment, als ihr Vater ihr zwei Tage später die Nachricht überbrachte, kann sich Ingrid Simonsen noch sehr gut erinnern. „Gegen meine Natur schrie ich, raufte mir die Haare. Später habe ich mir Vorwürfe gemacht, dass ich mich nicht im Griff hatte. Erst viel später begriff ich, dass der Urschrei meine Rettung war."

Durch das schnelle Eingreifen ihres Vaters wurden Ulrich von Oertzens sterbliche Überreste – im Gegensatz zu vielen Attentätern – ins Krematorium gebracht und seine Urne auf dem Ehrenfriedhof in Berlin-Wilmersdorf beigesetzt. Hans-Ulrich von Oertzen war einer von mehr als sechzig Offizieren, die nach dem misslungenen Attentat auf Hitler durch Hinrichtung oder erzwungenen Freitod ihr Leben lassen mussten.

Grabstein für Hans-Ulrich von Oertzen auf dem Friedhof Berlin-Wilmersorf

Schweres Schicksal

Die Sippenhaft wurde in jenen Sommertagen zum Schicksal vieler Verwandter der Widerständler, so auch für Ingrid Simonsen. In der Nacht des 2. August 1944 – es war der Jahrestag der ersten Begegnung zwischen Ingrid und Uli – stellte die Gestapo die Wohnung der jungen Frau auf den Kopf und nahm unter anderem die 230 Briefe ihres Ehegatten mit. Bei der Rückgabe fragte ein Gestapo-Ermittler, wie es möglich wäre, dass ein Mann, der solche Briefe geschrieben hat, „so was Schlimmes macht".

Nachts schoben sie die Witwe in eine Zelle mit zehn Frauen des Gefängnisses in Frankfurt/Oder. „Mein Vater saß vier Wochen lang in einer

Zelle unter mir. In Verhören wollte die Gestapo wissen, was ich über das Attentat und seine Vorbereitung gewusst habe. Ulrichs Verschwiegenheit hat mich geschützt. Die Nazis dachten sich etwas Gemeines aus. Wenn Witwen der Verschwörer sich nachträglich scheiden ließen, konnten sie mit sofortiger Freilassung rechnen. Ich habe natürlich abgelehnt."

Erst im Oktober 1944 war Ingrid von Oertzen frei. Ihre Enttäuschungen begannen erst nach ihrer Haftentlassung. So grüßte sie der Gärtner – einer ihrer besten Freunde aus Kindertagen – nicht mehr, weil sie mit „einem Verbrecher" verheiratet war. Hans-Ulrich von Oertzen wurde „in Unehren" aus dem Generalstab ausgeschlossen. Und es folgte noch so manche schlimme Erfahrung. Sie sagt darüber: „Vieles habe ich bis heute noch nicht durchlebt oder durchdacht. Vieles habe ich weggesteckt, um zu überleben. Schließlich hatte jeder Tag seit seinem Tod, nach Flucht und Heimatverlust, seine eigene Plage. Was mir bleibt, ist die Erinnerung an ein Leben mit einem beherzten Mann, der für ein Deutschland ohne nazistische Tyrannei sein Leben gegeben hat." Hans-Ulrich von Oertzen hatte sein Gewissen höher gestellt als den Gehorsam und die Anpassung. Er brachte die Kraft auf, gegen den Zeitgeist zu handeln. In der Dorfkirche Rattey erinnert eine schlichte Gedenktafel an diese mutige Tat.

(Jürgen Tremper, Nordkurier, 19. Juli 2003)

Die am 5. September 1992 eingeweihte Gedenktafel gestaltete Torsten Simonsen, der Sohn von Hans-Ulrichs Witwe aus der Ehe mit dem Chefarzt Dr. Martin Simoensen in Abstimmung mitseiner Mutter.

Mein geliebtes Amialein
Eine Liebe im Juli 1944

Die Neumark ist ein karger Landstrich östlich der Linie Schwedt-Küstrin, in dem viele Adelsfamilien ihre Landgüter besitzen. Am 2. August 1942 ist die 19-jährige Ingrid von Langenn-Steinkeller zum Kaffeetrinken eingeladen. Sie war verlobt mit einem der Söhne vom Nachbargut, der aber früh im Krieg fiel. Die „Schwiegereltern" halten weiter Kontakt, sie mögen die junge Frau. Ingrid weiß, dass an diesem Nachmittag auch ein junger Offizier zu Besuch ist, der gerade seinen Generalstabslehrgang beendet hat. „Ich stand auf der Terrasse, als er aus dem Haus kam. Er war mir gleich sympathisch", erinnert sie sich. Nach dem Kaffee gehen beide spazieren. Sie wirken fast wie ein Paar. Ingrid ist sehr zierlich und der 27-jährige Hans-Ulrich von Oertzen nur wenig größer als sie. „Er erzählte mir gleich vom frühen Tod seiner Mutter, an der er sehr hing." Die Vertrautheit erscheint Ingrid ungewöhnlich. Sie ist ihr aber nicht unangenehm. Beide versprechen, sich zu schreiben. Es werden 240 Briefe, die von Oertzen in den folgenden fast zwei Jahren schickt. Er vermischt darin sachliche Berichte vom Armeealltag mit ironischen Beschreibungen über die Umstände des Krieges. Und er macht sich Gedanken um die gemeinsame Zukunft. Mit keiner Silbe deutet von Oertzen je an, wie er sich dem militärischen Widerstand widmet. Und doch lässt sich sein Weg dorthin in den Liebesbriefen erahnen.

Die förmliche Anrede „Liebes gnädiges Fräulein" wird schnell von einem vertrauten Ton abgelöst. Er nennt die eifrige Pilzsammlerin „Amanita", die lateinische Bezeichnung für einen Fliegenpilz, die aber Glückspilz bedeuten soll.

„Liebe dufte Forst-Amanita! Im Wald muss sie herumlaufen? Und frieren dazu? Es ist schon ein Jammer. Wir denken hier immer fast, wir wären die einzigen, die frören. [...] Aber immer noch besser frieren und im Walde herumlaufen, als von den neuen Bestimmungen aus dem seeligen Nichts herausgerissen werden und im Sinne des totalen Krieges eingesetzt zu werden. Diese Bestimmung war schon lange einmal nötig, denn wie viele Menschen hatten immer noch Zeit, ganze Vormittage lang nach Kino-Karten anzustehen. [...] Es ahnt ja auch wirklich keiner, wie wild hier draußen gespielt wird. In Wort und Bild lässt es sich nicht schildern. Allein schon deswegen, weil die, die das Schlimmste erlebten, darüber nicht mehr berichten können." (Brief vom 3.2.1943)

Zunächst war von Oertzen, der am 6. März 1915 in Berlin geboren wurde, wie viele seiner Generation mit den Idealen der Jugend in den Krieg gezogen. Er stammte aus einer bekannten Adelsfamilie, in der ein militärischer Beruf zur Tradition gehörte. Sein Vater starb als Offizier im Ersten Weltkrieg. Die Mutter zog den Jungen allein auf dem Gut ihres Bruders im mecklenburgischen Ort Rattey groß. Später ging sie als Malerin nach Berlin, während der Sohn auf das bekannte Gymnasium Salem am Bodensee wechselte. Gleich nach dem Abitur im Jahr 1933 startete er eine militärische Ausbildung, die ihn zum Generalsstab der Heeresgruppe Mitte führt. Von dort schreibt er Ingrid:

„Meine liebe Amanita! Ich nehme bereits die Allüren eines großen Stabes an – dazu gehört auch, dass der ‚Alabaster'-Körper richtig gewaschen ist –, ich stolziere schwer beschäftigt in der Gegend herum, und mein Gesicht beginnt durch die durchgeistigte Blässe der steten Nachtarbeit interessant zu wirken. Das Auge erhält den stechenden Friedericus-Blick, und der Rücken krümmt sich in verhaltenem Zorn. Von Dir muss ich natürlich nun auch erwarten, dass Du den ländlichen Ton eines bäuerlichen Forst-Eleven in die zartbesaiteten Sphärentöne eines sittlichen Burgfräuleins verwandelst." (Brief vom 3.3.1943)

Im Stab trifft er auf den 14 Jahre älteren Henning von Tresckow. Der Offizier, den die Gestapo später abschätzig als „Treiber und bösen Geist des Putschistenkreises" bezeichnet, besitzt Charisma. Seine anfängliche Sympathie für den Nationalsozialismus ist einer zunehmend ablehnenden Haltung zum Krieg und zur Führung gewichen. Das färbt auf die jungen Stabsoffiziere um ihn herum ab. Auch auf Hans-Ulrich von Oertzen.

„Die Seele der ganzen Abt. Ia ist mein unmittelbarer Vorgesetzter Oberst von Tresckow. Ich weiß nicht, ob Du ihn kennst? Er ist nicht nur der Typ eines Generalstabsoffiziers, sondern darüber hinaus noch ein

Kavalier der alten Schule und ein ganz besonders liebenswerter Kamerad. Ich bin sehr froh, bei ihm gelandet zu sein, denn ich lerne hier nicht nur sehr viel und sehe auf Grund meiner Stellung in alle Zusammenhänge und Ereignisse des Ostkriegsschauplatzes hinein, sondern er macht einem die schwere Arbeit und das häufig saure Brot leichter und erträglicher." (Brief vom 6.3.1943)

Von Tresckow stammt wie Ingrid aus der Neumark, seine Eltern besitzen ein Gut in Wartenberg nicht weit weg von Bellin. Und sie kennen Ingrids Vater. Wohl deshalb kümmert sich Tresckow besonders um von Oertzen, der zu seinem engsten Vertrauten wird. „Er hat Oertzen ganz nahe an sich herangezogen", notiert Tresckows Ordonnanzoffizier Fabian von Schlabrendorff. Der junge Oertzen ist beliebt. Seine Offizierskollegen schätzen seine organisatorischen Fähigkeiten, die Hilfsbereitschaft und sein Improvisationsvermögen.

Ingrid mag dagegen andere Qualitäten an Hans-Ulrich. Sie mag seine leuchtenden Augen. Ihr gefällt, dass er lebensfroh und selbstbewusst ist, aber auch Schwächen zugibt, dass er kindlich albern sein kann, aber sich auch ernsthaft Gedanken um sie macht. Einmal schreibt er über ihre Beziehung:

„Mir entsteht ein Zuhause, eine Heimat – Begriffe, die ich lange nicht kannte." Beide ergänzen sich. Wo er nüchtern die Welt betrachtet, äußert sie Gedanken, die er als Bereicherung empfindet. Als er lange nicht auf ihre Schilderungen eingeht, schreibt Ingrid von „kleinen Nussschalen", die ihre Briefe seien, und die es daher schwer hätten, zu ihm vorzudringen. Von Oertzen antwortet:

„Wie konnte ich nur ahnen, dass Dir Deine Briefe wie Nussschalen vorkamen, die den breiten Fluss zwischen dem Erlebten an der Front einer- und der Heimat andererseits kaum überschreiten könnten. Daran habe ich nie gedacht. [...] Und ich kann Dir versichern von ganzem Herzen: Nie habe ich diese Brücke zwischen den beiden Ufern so dankbar empfunden, als durch Deine Briefe vermittelt. Es sind wirklich keine Nussschalen, die bei mir ankommen. Nein – es ergießt sich mit jedem Brief ein solcher Strom des Glücks über mich, wie er nur über eine zeitweilig gesperrte Brücke fließen kann. Glaube nicht, dass ich übertreibe. Dazu sind wir alle hier draußen zu nüchtern geworden. Ja, ich habe früher nie an die Notwendigkeit einer Brücke geglaubt. Ich sah gar keinen Fluss, sehe aber nun nach Überlegung ein, dass ich die Augen nicht voll aufgemacht habe." (Brief vom 3.2.1943)

Im Mai 1943 bei einem Besuch verloben sich beide heimlich, denn Ingrids Vater ist über die Beziehung in Kriegszeiten nicht sehr begeistert. Hinter ihrem Rücken erkundigt er sich bei Tresckow über den Freund seiner Tochter.

„Mein über alles Geliebtes! Gestern Abend war ich bei Tresckow zu einer zweistündigen dienstlichen Besprechung über viele Fragen meines Arbeitsgebietes. Als ich am Ende war, hielt er mich zurück. [...] Er erzählte mir, dass sich Dein Vater nach mir erkundigt hätte. Er hätte ihm ein klares Bild von mir gegeben mit Stärken und Schwächen. Gesamturteil: ‚Geeignet‘." (Brief vom 20.6.1943)

Von Oertzen kündigt an, dass er im Urlaub, dem Tresckow ihm angeboten habe, offiziell um ihre Hand anhalten wird. Doch noch ist das Eis nicht gebrochen. Tresckow, der seinen jungen Offizier als „unglaublich ehrgeizig" einschätzt, lässt die Befürchtungen von Ingrids Vater durchblicken, als er anmerkt: „Man heiratet ja nicht allein eine Frau, sondern auch ihr ganzes ‚Drum und Dran‘ und ihren Besitz." Von Oertzen ist entsetzt. Er schreibt:

„Sollte in mir überhaupt nur die Andeutung zu einer derartigen Absicht vorliegen, dann möchte ich in den Boden versinken. Ich will gar nicht nach Gegengründen suchen, aber doch anführen, dass es in der heutigen Zeit überhaupt nicht abzusehen ist, ob es nach Ende des Krieges noch Besitz und Eigentum gibt." (Brief vom 25.6.1943)

Ende Juli 1943 wird Tresckow in die „Führerreserve" versetzt. Er nutzt die Gelegenheit, um mit Claus Schenk Graf von Stauffenberg in Berlin an den so genannten „Walküre"-Plänen für einen Staatsstreich zu arbeiten. Doch von Oertzen ist betrübt:

„Meine über alles geliebte Amia! Heute ist nun Tresckow abgefahren. Mir scheint es fast, als wenn ich mich von ihm durch sein Weggehen weniger getrennt hätte, als dass ich ihm vielmehr nähergekommen bin. Jetzt, da das dienstliche Verhältnis nicht mehr zwischen uns steht, tritt die persönliche Bindung zu ihm viel mehr in den Vordergrund. Ich verdanke ihm unendlich viel. Wenn er in Eurer Nähe ist, musst Du ihn unbedingt aufsuchen und ihm für alles danken, was er für uns und auch für mich persönlich getan hat. Ich habe mir an ihm und seiner Arbeit ein Beispiel genommen und werde versuchen, aus dem Willen seiner starken Persönlichkeit einiges für mich zu ernten. Muss ich es doch einem gütigen Schicksal zuschreiben, dass ich in seinen engeren Stab gekommen bin." (Brief vom 28.7.1943)

Welches Schicksal ihnen bevorsteht, ahnt Ingrid beim Lesen dieser Zeilen nicht. Im September 1943 will das Paar eigentlich drei Wochen Urlaub auf dem Gut des Vaters machen. Doch bereits nach fünf Tagen muss von Oertzen überraschend nach Berlin.

Inzwischen hat sich aber das Verhältnis zu Ingrids Vater nach einer offenen Aussprache entspannt. Am 26. März 1944 findet in Bellin die Hochzeit statt – knapp drei Monate vor jenem 20. Juli, der Geschichte schreiben wird. Von Oertzen ist daran maßgeblich beteiligt. Seine Heirat soll ein Zeichen sein, dass er fest an das Gelingen des Attentates auf Hitler glaubt. Denn er weiß, dass bei Misserfolg den Angehörigen „Sippenhaft" droht. Möglicherweise bietet die enge Bindung zu seiner Frau ihm den Halt, den er braucht, um den Mut für seine Tat aufzubringen. Fotos von der Hochzeit zeigen eine ausgelassene Gesellschaft, aber auch einen ungewöhnlich ernsten Hans-Ulrich von Oertzen. „Sein Gesicht war gespannt und blass, seine Lippen schmaler", erinnert sich eine Verwandte.

Tresckow ist nicht zur Feier gekommen, doch er schickt wenige Tage zuvor einen erstaunlichen Brief an die Braut:

„Liebe gnädige Frau, am Hochzeitstage werde ich in herzlichen Gedanken teilnehmen, mit aufrichtigen und treuen Wünschen für Ihr und Ihres Mannes Zukunft und Ihrer beider Glück. Sie wissen, wie sehr ich an dem Glück Ihres Mannes teilnehme, denn er ist mir in der gemeinsamen Arbeit ans Herz gewachsen wie ein Bruder. Glückwunsch zu Ihrem Mann! Er verbindet ein frohes Herz mit einem hohen reinen Gedankenflug wie

Gastwirtschaft von Wilhelm Otto Hempel

Schloß

Gruß aus Bellin, N.-M.

Bellin auf einer Ansichtskarte um 1910

nur sehr wenige seiner Altersklasse. Und Sie heiraten einen wahren ‚Ritter ohne Furcht und Tadel'. [...] Ihr Ihnen treu ergebener Henning Tresckow." (Brief vom 21.3.1944)

Das junge Paar reist in die Flitterwochen nach Wien. Sie besuchen das Theater und die Reitschule, fast erinnert nichts an den Krieg. Reiten ist von Oertzens große Leidenschaft aus Friedenszeiten, wie überhaupt der Sport. Er hat sogar an Autorennen teilgenommen.

Nach dem Urlaub tritt er eine neue Stelle an der Ostfront an als Ia der Korpsabteilung E der 2. Armee. Chef des Stabes ist sein alter Bekannter Henning von Tresckow. Von Oertzen gefällt die neue Stellung als Operationsoffizier. Ihm liegt das selbstständige Handeln, die Möglichkeit, Entschlüsse zu fassen. Doch er vermisst auch seine junge Frau.

„Mein geliebtes Amialein! Das Wetter ist in den letzten Tagen wieder recht kühl geworden mit starkem Westwind. Es könnte langsam schon wärmer sein! Der Frühling macht sich noch kaum an den Knospen bemerkbar. Dabei fällt mir unser Wunsch ein, einmal einen Frühling gemeinsam verleben zu dürfen!" (Brief vom 27.4.1944)

Im Juli 1944 erhält Ingrid von Oertzen den letzten Brief von ihrem Mann. Er schreibt von Luftangriffen russischer Flieger und hat für den Besuch eines Parteifunktionärs nur Spott übrig.

„Meine geliebte Amia! Anliegend schicke ich Dir die Rede eines bei uns umherwandernden Reichsredners. Sie war von so überzeugendem Optimismus getragen, dass man sich darüber nur freuen konnte. [...] Die Rede klärte auch mehrere bisher mir nicht geläufige Fragen, wie es nach dem Endsieg aussehen würde." (Brief vom 2.7.1944)

Tage später ruft ihr Mann an. Er habe dienstlich in Berlin zu tun und würde sich freuen, wenn sie käme. Sie sieht ihren Mann nur abends, wenn er kaputt von der Arbeit kommt. Sein Standardsatz zur Begrüßung lautet: „So, jetzt machen wir eine Stunde in Familie und schalten ab." Eines Abends fragt sie ihn, was er eigentlich macht. Von Oertzen zögert, spricht ausweichend von der Gestapo, die ihr gefährlich werden könnte, will dann aber doch reden, worauf Ingrid abwiegelt. Sie ahnt schon länger etwas. Ihr fällt ein Besuch bei Tresckow ein. Seine Frau hatte zu ihr gesagt: „Mein Mann ist dankbar, dass Ihr Mann sich so selbstlos in unsere Interessen stellt." Als Frau Tresckow merkte, dass Ingrid nicht wusste, um was es geht, wechselte sie das Thema.

Am 20. Juli 1944 hört Ingrid von Oertzen im Rundfunk vom Attentat auf Hitler. Sie bringt das zunächst nicht mit ihrem Mann in Verbindung. Auch nicht, als er abends anruft und sagt, er könne wegen der Ereignisse nicht kommen. Am 21. Juli 1944 früh meldet er sich erneut: „Ich bin mit dem Attentat in Verbindung gebracht worden, habe damit aber nichts zu tun – fahre bitte zu Deinem Vater." Das sind die letzten Worte an sie.

Die Einzelheiten seiner Widerstandsarbeit hört sie erst viele Jahre später. Ingrid von Oertzen erfährt, dass ihr Mann zu den Offizieren gehörte, die Hitler bereits im März 1943 beim Besuch der Heeresgruppe Mitte mit Pistolen erschießen wollten, dass er im September 1943 in Berlin mit Stauffenberg die wichtigen Befehle für den Tag X schrieb, dass er im November 1943 in Minsk half, Sprengstoff für eine Bombe zu besorgen, dass er im Juli 1944 von Berlin aus die Einsatzbereitschaft von Truppen inspizierte.

Das Ende des Staatsstreichs war auch das Ende der Liebesgeschichte, die zwei Jahre zuvor auf einem Gut in der Neumark begonnen hatte. Geblieben sind Ingrid von Oertzen, die heute Simonsen heißt, die Erinnerung, 240 Briefe, einige Fotos und ein kleines schwarzes Lederportemonnaie, in dem sich ein Zettel mit dem Trauspruch befindet. Außen trägt es die Spuren von der Sprengladung, mit der sich ihr Mann Hans-Ulrich von Oertzen am 21. Juli 1944 das Leben nahm. Noch heute sagt die inzwischen 82-Jährige: „Wie ich ihn gekannt habe, hätte er nicht so gehandelt, wenn es nicht notwendig gewesen wäre."

Der unbekannte Verschwörer

„Der Selbstmord des Major von Oertzen erfolgte auf dem Flur in der Nähe des Flurfensters. In zirka 1 Meter Entfernung befand sich auf dem Fußboden eine etwa handgroße und ungefähr 3 cm tiefe Aushöhlung. Im Umkreis von 1 bis 2 Metern waren kleine Einschüsse festzustellen, die offensichtlich von Splittern herrühren mussten. Aus dem Fensterrahmen konnten noch 4 kleine Metallsplitter aus Stahlblech gesichert werden. Dazu einige Hautfetzen mit Haaren." So beginnt der Geheimbericht des Kriminaltechnischen

Instituts der Sicherheitspolizei, Abteilung Chemie, vom 23. Juli 1944, an den Chef des Amtes V im Reichssicherheitshauptamt. Durch diesen Bericht und weitere Zeugenaussagen lässt sich ein Bild von der Rolle Hans-Ulrich von Oertzens am 20. Juli 1944 und seinen letzten Stunden machen.

Oertzen war als Verbindungsoffizier von Claus Schenk Graf von Stauffenberg für den Wehrkreis Berlin eingeteilt worden. Diese Vertrauensleute sollten dafür sorgen, dass die Anweisungen am Tag X ausgeführt wurden. Am Vormittag des 20. Juli stellte von Oertzen auf Anweisung von General Friedrich Olbricht, dem Chef des Allgemeinen Heeresamtes, alle Befehle zusammen, mit denen Einheiten rund um Berlin zur Sicherung wichtiger Objekte des Wehrkreises III mobilisiert werden sollten. Er selbst rief die Panzer-Truppen-Schule in Krampnitz an. Bis 16 Uhr waren diese Aufgaben erledigt. Danach begab sich von Oertzen in das Wehrkreiskommando III (WKK III) am Hohenzollerndamm, um seine Befehle zu übergeben und bei Problemen einzugreifen. Ihm kam damit ein schwieriger Part zu, denn er war ganz auf sich gestellt. Von Oertzen richtete dem Leiter des Wehrkreises, General Joachim von Kortzfleisch, aus, er solle zu Olbricht in die Bendlerstraße kommen. Dort wurde er festgenommen und durch Generalleutnant Karl Freiherr von Thüngen ersetzt.

Gegen 17 Uhr 30 präsentierte von Oertzen eine weitere Liste von zu besetzenden Einrichtungen, darunter Behörden der SS und der NSDAP. Doch Otto Herfurth, Chef des Stabes beim WKK III, weigerte sich, die Befehle weiterzugeben. Als er gegen 18 Uhr doch einlenkte, konnte von Oertzen weiter agieren – „mit vorbildlicher Ruhe", wie Major Hans Graf von Hardenberg feststellte. Zwischen 18 und 19 Uhr gingen von den alarmierten Schulen und Garnisonen Bestätigungen der Marschbereitschaft ein. Von Oertzen musste nun häufiger telefonieren, weil es Nachfragen gab.

Zwischen 19 und 20 Uhr tauchte endlich General von Thüngen auf und ließ sich von Oertzen über die Lage unterrichten. Langsam sickerte jedoch durch, dass Hitler das Attentat überlebt hatte. Von Oertzen versuchte, sich unauffällig zu verhalten, blieb aber vor Ort.

Ab 20 Uhr 30 weigerte sich Stabschef Herfurth, weitere Befehle auszuführen.

Um 23 Uhr kehrte General Kortzfleisch zurück. Da er von Thüngens Rolle nicht wusste, beauftragte er ihn und Oberst Wiese, von Oertzen zu verhören, weil der ihm verdächtig erschien. Die Befragung bestätigte seinen Verdacht zunächst nicht, der Major schien zufällig in das Geschehen geraten zu sein. Trotzdem musste von Oertzen seine Pistole abgeben und wurde unter Bewachung gestellt. Wiese beobachtete, wie er wenig später auf die Toilette ging und anschließend am Flurfenster und neben einer Löschsandtüte verweilte. Später fand man in der Toilette eine Bürste mit verkohlten Borsten, zwischen denen Reste von verbrannten Dokumenten von Oertzens steckten. Doch die Aktion nützte nichts mehr.

Am nächsten Morgen erinnerte sich die Vorzimmerdame des Kommandeurs, dass von Oertzen im Herbst 1943 längere Zeit im WKK III abkommandiert war, als sich auch Stauffenberg dort aufhielt. Das stand im Widerspruch zu seinen Aussagen. Wiese organisierte eine Gegenüberstellung mit der Sekretärin. Von Oertzen musste zugeben, Stauffenberg getroffen zu haben. Die Falle schnappte zu. Von Oertzen rief noch einmal seine Frau an.

Oberst Wiese war gerade auf sein Zimmer zurückgekehrt, als er eine Detonation hörte. Auf dem Flur sah er den Bewacher blutend am Boden liegen und wenige Meter davon entfernt den reglosen Major. Wiese ließ die Stelle absperren und einen Arzt rufen. Da bemerkte er, wie von Oertzen trotz schwerer Kopf- und Armverletzungen – er hatte sich eine Gewehrsprenggranate an den Kopf gehalten – zur Wand rutschte, wo die Löschsandtüte stand. Wiese hielt die Bewegung zunächst für einen Reflex. Doch dann bemerkte er, dass Hans-Ulrich von Oertzen der Tüte einen Gegenstand entnahm, ihn in den Mund steckte und abzog. Wiese konnte nur noch „volle Deckung" rufen. Dann knallte es ein zweites Mal.

Was wurde aus Ingrid von Oertzen?

Einen Tag nach dem misslungenen Attentat auf Adolf Hitler am 20. Juli 1944 wurde Ingrid von Oertzen verhaftet und verhört, aber wieder freigelassen. Erst zu Hause in Bellin erfuhr sie vom Selbstmord des Ehemanns. Im August wurde Ingrid erneut verhaftet, ebenso der Vater. Beide kamen in das Gefängnis von Frankfurt (Oder), doch eine Mittäterschaft war ihnen nicht nachzuweisen. Nach der Entlassung im Oktober und der Flucht vor der anrückenden Front Anfang 1945 landete sie in Holstein. Ingrid fand Arbeit in einem Kreiskrankenhaus und verliebte sich in den Chefarzt Dr. Martin Simonsen. Beide heirateten 1947 und bekamen einen Sohn.

Bertha von Buchwaldt und Dr. Martin Simonsen während des Gedenkgottesdienstes am 5. September 1992 in Rattey

Das Schicksal ihres ersten Mannes war lange kein Thema in der Familie. Ingrid Simonsen wollte nicht, dass ihr erstes Leben zu viel Gewicht bekommt, und vor allem wollte sie ihren zweiten Mann nicht kränken. Doch Anfang der neunziger Jahre ließ sich das Thema nicht mehr verdrängen. Nach einem Zeitungsbericht, der auf das Schicksal von Oertzens aufmerksam machte, und einer Notiz in den „Oertzen-Blättern" nahmen Mitglieder der weit verzweigten Familie Kontakt mit ihr auf. Am 5. September 1992 wurde schließlich eine Gedenktafel in Rattey enthüllt, wo das mutige Familienmitglied aufgewachsen war. Unter den Gästen: Bundespräsident Richard von Weizsäcker. Der Entwurf zur Tafel stammte von Ingrid Simonsens Sohn. Seit dem Tod ihres zweiten Mannes vor wenigen Jahren liest sie wieder in den alten Briefen. Auf einem Wohnzimmertisch steht ein Porträt Hans-Ulrich von Oertzens.

(Lars-Broder Keil, Berliner Morgenpost, 11. Juli 2004)

Er verkörperte seinen Vetter im Film
Jasper von Oertzen (1912 – 2008)

Im Juni 2007, ein halbes Jahr nach seinem 95. Geburtstag, trat Jaspar von Oertzen ans Mikrofon und las seiner Partei, der ödp (Ökologisch-Demokratische Partei), die Leviten: „Vor allem gilt es zuerst einmal, uns bekannt zu machen. Leider verstecken wir uns ja hinter drei auch noch halbierten Buchstaben, deren Bedeutung von den meisten Wählern nicht erkannt wird."

Es war ein langer Weg dorthin gewesen für den Richtersohn, der in München Theaterwissenschaften und Kunstgeschichte studiert hatte. Er war Schauspieler an den Münchner Kammerspielen, in Tübingen, Kassel und vielen Theatern Berlins. Der Film legte den Abkömmling des alten mecklenburgischen Adelsgeschlechts auf Aristokraten fest: Prinz Friedrich Karl von Preußen in „Bismarck", Adjutant von Burt in „... reitet für Deutschland", Rittmeister Joachim Bernhard von Prittwitz in „Der große König", Graf Alexander Lanskoi in „Münchhausen" und Prinz Louis Ferdinand in „Kolberg".

In die Drehzeit von „Kolberg" fiel der 20. Juli, bei dem Major Hans-Ulrich von Oertzen – ein Cousin Jaspars – die ersten „Walküre"-Befehle weitergab. Nach dem Misslingen des Hitler-Attentats sollte Hans-Ulrich von der Gestapo verhört werden, doch kurz vor deren Eintreffen steckte er sich eine Handgranate in den Mund und zog den Splint. Zehn Jahre danach spielte Jaspar einen an seinem Cousin modellierten Charakter in „Es geschah am 20. Juli".

Jasper von Oertzen

Als sich seine Schauspielkarriere in den Siebzigern ihrem Ende näherte, entdeckte von Oertzen ein neues Betätigungsfeld: die Ökologie. Mit Herbert Gruhl gehörte er zu den Gründungsmitgliedern der Grünen und wechselte später zur ödp. „Der Globalismus ist nichts anderes als das Kuckucksei der ökologischen Idee", analysierte er in einem Interview vor fünf Jahren. „Auf Dauer werden wir siegen." Nun ist er 96-jährig in München gestorben.

(*Hanns-Georg Rodek, Die Welt, 29. April 2008*)

Der semidokumentarische Spielfilm „Es geschah am 20. Juli" aus dem Jahr 1955 ist der erste Film, der sich mit dem gescheiterten Attentat auf Adolf Hitler vom 20. Juli 1944 beschäftigt. Jasper Von Oertzen verkörperte in dem Film als Kerst von Dürnstein einen an die Charaktere von Hans-Ulrich von Oertzen und Albrecht Ritter Mertz von Quirnheim angelehnten Offizier.

Das Schweigen meines Mannes hat mir das Leben gerettet

Ein Interview mit Ingrid Simonsen

Der 20. Juli 1944 – das wird für Ingrid Simonsen (85) immer der Tag bleiben, an dem sie ihre große Liebe verlor. Sie ist die Witwe eines Helden, des Hitler-Attentäters Hans-Ulrich von Oertzen († 29). Im BILD-Interview spricht sie über ihre Liebe zu dem Offizier, der Stauffenberg den Sprengstoff besorgte, Gestapo-Verhöre und einen Abschied für immer.

BILD: Frau Simonsen, wenn Sie an den 20. Juli 1944 denken...

Simonsen: „...muss ich an meine letzten Tage mit Baschy, so nannte ich meinen Mann, denken. Wir waren gerade vier Monate verheiratet und ich kam erst Anfang Juli zu ihm nach Berlin. Er war ständig unterwegs und immer sehr erschöpft. Das war mir unheimlich."

BILD: Wussten Sie, was er als Frontoffizier in Berlin machte?

Simonsen: „Nein. Einmal habe ich gefragt. Er zögerte, sprach von der Gestapo, die mir gefährlich werden könnte. Dann sagte er: ‚Gut, ich erzähle es dir.' Das wollte ich dann aber nicht. Später habe ich erfahren, dass er in der Zeit Stauffenberg bei der Organisation des Attentats geholfen hat."

BILD: Sie wussten nichts über seine Arbeit im Widerstand?

Simonsen: „In den vielen Briefen von Baschy an mich stand kein Wort davon drin. Aber ich spürte, wie verbittert er mit der Zeit geworden war."

BILD: Was geschah nach dem Attentat?

Simonsen: „Ich hatte von dem Attentat gehört. Am Abend rief er mich an, sagte, er könne wegen der Ereignisse nicht kommen. Dass er als Verdächtiger festgehalten wurde, wusste ich nicht. Ich konnte die ganze Nacht nicht schlafen. Dann hat er sich am nächsten Morgen gemeldet: ‚Ich bin jetzt mit dem Attentat in Verbindung gebracht worden, habe aber damit nichts zu tun – fahre bitte zu deinem Vater.' Das waren die letzten Worte, die ich von ihm gehört habe. Wenig später war er tot."

BILD: Wie haben Sie von seinem Tod erfahren?

Simonsen: „Ich bin zu meinem Vater ins Hotel Adlon gefahren. Dort wartete bereits die Polizei auf mich. Ich wurde verhört und bekam das schwarze

Lederportemonnaie meines Mannes überreicht. Darin waren ein Zettel mit unserem Trauspruch und eine von mir gemalte Miniatur-Weihnachtskarte.

Nr. 53(0)

C

Hamburg, den 1. August 194 7

D er(Landwirt) Major im Generalstab Hans-Ulrich

Friedrich Karl Waldemar Henning,Fortunatus von Oertzen,

wohnhaft in Bellin in der Neumark,

ist am 21. Juli 1944 zwischen um 11-12 Uhr - - - Minuten

in Berlin-Schöneberg, Hohenzollern Allee - - verstorben.

D er Verstorbene war geboren am 6. März 1915 - -

in Berlin -

(Standesamt - - - Nr. - -),

Vater: Ulrich von Oertzen,

Mutter: Elisabeth Barbara Minka geborene von Oertzen,

beide zuletzt in Berlin wohnhaft.

D er Verstorbene war — nicht — verheiratet mit Ingrid Elisabeth

Adelaide geborenen von Langenn - Steinkeller,

wohnhaft in Hamburg, Leinpfad 23.

Eingetragen auf mündliche - schriftliche Anzeige des Landwirts

Franz-Helmut von Langenn - Steinkeller, wohnhaft in

margarethenhof Kreis Bad Segeberg, sowie auf Grund einer

xxxxxxxxxxx schriftlichen Mitteilung des Corpsrichters

des stellvertretenden 3. Armee-Corps.

Der Anzeigende wie sich aus durch Zonen-Ausweis, und er-

klärte von dem Sterbefall aus eigener Wissenschaft unter-

richtet zu sein.

Vorgelesen, genehmigt und unterschrieben

(): ungültig.

Der Standesbeamte
In Vertretung

Todesursache: Freitod durch Erschiessen.

Eheschließung des Verstorbenen am 28.3. 1944 n Bellin

(Standesamt in Bellin in der Neumark, Nr.).

Die Sterbeurkunde von Hans-Ulrich von Oertzen wurde 1947 im Standesamt Hamburg-Winterhude ausgestellt.

Vom Tod Baschys wurde mir nichts erzählt. Das tat erst mein Vater zu Hause – ohne die Sprenggranate zu erwähnen, die sich mein Mann in den Mund gesteckt hatte. Ich brach dann mit einem Schreikrampf zusammen."

BILD: Wie ging es weiter?

Simonsen: „Am 2. August – unserem Kennlerntag – kam die Gestapo und verhaftete mich. Die NS-Spitze hatte sich entschlossen, die Angehörigen der Attentäter in Sippenhaft zu nehmen. Ich wurde in einen dunklen Raum geschoben. Am Morgen sah ich, dass ich in einer Zelle saß. Es war schrecklich heiß und stickig."

BILD: Und dann wurden Sie verhört?

Simonsen: „Immer und immer wieder. Mir wurde auch das Angebot gemacht, mich nachträglich von Baschy scheiden zu lassen. Das würde sich strafmildernd auswirken. Aber das kam für mich natürlich nicht in Frage. Als die Gestapo merkte, dass ich wirklich nichts wusste, ließ sie mich in Ruhe. Letztlich hat mir das Schweigen meines Mannes das Leben gerettet. Ende Oktober wurde ich entlassen. Man gab mir sogar die 240 Liebesbriefe von Baschy zurück, die man bei meiner Verhaftung beschlagnahmt hatte. Ich weiß noch, wie der Beamte sagte: ‚Wie kann jemand solche Briefe schreiben, der so ein Verbrecher ist.'"

BILD: Sind Sie jemals böse auf Ihren Mann gewesen, weil er Ihr gemeinsames Glück aufs Spiel gesetzt hat?

Simonsen: „Ganz klar, nein. Ich bin dankbar, einem Menschen wie Hans-Ulrich von Oertzen begegnet zu sein. Wie ich ihn gekannt habe, hätte er nicht so gehandelt, wenn es nicht notwendig gewesen wäre."

BILD: Denken Sie noch oft an Ihren Baschy?

Simonsen: „Jeden Tag."

BILD: Was sagen Sie dazu, dass so wenige Politiker am Todestag Ihres Mannes zum Gelöbnis vor dem Reichstag kommen?

Simonsen: „Das ist ein bedauerliches Beispiel dafür, wie vergänglich hierzulande die Erinnerung an wichtige historische Ereignisse ist. Darüber hinaus empfinde ich das Verhalten als Geringschätzung gegenüber den Menschen, die damals ihr Leben gelassen haben."

(Ralph Georg Reuth, BILD vom 19. Juli 2008)

So viele Menschen sah Rattey nie wieder
Zum 25. Jahrestag des ersten Gedenkens am Hans-Ulrich von Oertzen

Rattey. Der Strauß aus Spreenelken sieht schon ein bisschen welk aus. Ein stiller Gruß, abgelegt an einer verschlossenen Hintertür der Ratteyer Kirche. Auf den ersten Blick wirken die Blumen, als hätte sie jemand bei seinem Friedhofsgang vergessen. Vielleicht ist das auch so. Aber es gibt auch noch eine andere Möglichkeit: Wer ins Innere der Kirche gelangen kann, dem dürfte sich gerade in diesen Tagen die Bestimmung für die Blumen erschließen. In der Kirche hängt eine Tafel, die an Hans-Ulrich von Oertzen erinnert. Oertzen war am Attentat auf Hitler am 20. Juli 1944 beteiligt. Das Attentat misslang. Die Beteiligten wurden hingerichtet. Von Oertzen muss dieses Ende geahnt haben. Er entzog sich der Verhaftung und nahm sich am 21. Juli 1944 das Leben.

Die Tafel aus hellem Marmor, die an den mutigen Wehrmachtsoffizier erinnert, wurde einst auf Initiative der Mitglieder der Familie von Oertzen in der Ratteyer Kirche angebracht. Ein Mann hat diesen besonderen Tag für das Dorf nicht vergessen. Denn es gab aus diesem Anlass Besuch von höchster Stelle. „Das ist jetzt 25 Jahre her", sagt Hans-Joachim Mohs. Der heute 81-Jährige war damals der stellvertretende Bürgermeister. Die eigentliche Bürgermeisterin hatte in den „Sack gehauen", wie Mohs es etwas flapsig bezeichnet. Also hatte er die Ehre, Bundespräsident Richard von Weizsäcker (1920 – 2015) zu begrüßen.

Der hohe Gast aus dem Schloss Bellevue in Berlin landete damals mit dem Hubschrauber auf dem Schönbecker Sportplatz. Von dort setzte sich der Tross in das nur zwei Kilometer entfernte Rattey in Bewegung. In dem beschaulichen Dorf gab es an diesem Tag einen Riesenauflauf. Vermutlich hat der Ort nie wieder so viele Menschen an einem Platz gesehen. Die Autos standen auf beiden Seiten der Straße bis weit über den Dorfrand hinaus, heißt es in einem Bericht des Nordkuriers von diesem Tag im September 1992. Auf dem Weg zur Kirche bewies sich Landessuperintendent Kurt Winkelmann (1932 – 1996) als praktizierender Schirmherr, denn es regnete. Winkelmann hielt seinen Regenschirm über den Bundespräsidenten.

Kein Wunder, dass angesichts der auserwählten Gästeschar die Kirche überfüllt war. „Ich selbst konnte nur von der Tür aus zusehen", erinnert sich Hans-Joachim Mohs. Er musste den ganzen Konvoi von Schönbeck aus erst passieren lassen, bevor er sich selbst mit seinem Auto in Bewegung setzen konnte. Doch Pastor Horst Schröter war eingestellt auf den Ansturm von Menschen. Der Festgottesdienst wurde über Lautsprecher ins Freie übertragen.

Beim Besuch des Bundespräsidenten Richard von Weizäcker 1992 in Rattey konnte Hans-Joachim Mohs, der als stellvertretender Bürgermeister damals das Staatsoberhaupt begrüßt hatte, nur von der Tür den Gottesdienst verfolgen.

Richard von Weizsäcker war allerdings nicht offiziell als höchster Repräsentant des deutschen Staates nach Rattey gekommen. Als Freund der Familie von Oertzen, die die Enthüllung der Gedenktafel initiiert hatte, nahm er an dem Gottesdienst teil.

Hans-Joachim Mohs konnte nach dem Gottesdienst noch einige Worte mit dem Bundespräsidenten wechseln. „Wie geht es mit uns weiter?", fragte der Ratteyer. „Sie werden mit einer anderen Welt zurechtkommen müssen", verdeutlichte der Bundespräsident mit Blick auf die Entwicklung der Gesellschaft. „Er hat Recht gehabt", bescheinigt Hans-Joachim Mohs aus heutiger Sicht.

Die Ratteyer Kirche ist heute meistens verschlossen. Die Gedenktafel bekommt kaum noch jemand zu Gesicht. „Gottesdienste gibt es so gut wie keine mehr, bei uns", sagt Hans-Joachim Mohs. Dass die Familie Oertzen etwas mit Rattey zu tun hatte, daran erinnert auf dem Friedhof vor der Kirche immerhin die Grabstelle.

Auch Horst Schröter, der von 1979 bis 1996 als Schönbecker Pastor auch für Rattey zuständig war und mittlerweile seinen Ruhestand angetreten hat, besitzt noch sehr gute Erinnerungen an den Weizsäcker-Besuch. Es seien sehr intensive Begegnungen gewesen mit dem Bundespräsidenten und mit den Familienangehörigen von Hans-Ulrich von Oertzen. Mit dem Bundespräsidenten waren damals auch Überlebende aus dem Widerstand gegen Hitler mit nach Rattey gekommen.

Bis zu seinem Weggang 1996 habe es auch regelmäßig ein Gedenken in der Kirche gegeben. „Wir haben immer einen Kranz aufgehängt". Danach sei das zunehmend schwieriger geworden, verdeutlicht Horst Schröter. Die Aufgaben für die Pastoren würden immer umfangreicher, sie seien für immer mehr Kirchen zuständig. Aktuell wird Rattey von Gottfried Zobel, Pastor für Vertretungsdienste, aus Burg Stargard betreut. Gottesdienste finden in der Kirche nicht mehr statt, sie wird nur noch als Hochzeitskirche genutzt, sagte der Pastor dem Nordkurier.

Hans-Ulrich von Oertzen, der am 6. März 1915 in Berlin geborgen wurde, ist in Rattey aufgewachsen – bei seinem Onkel Henning. Neueren Forschungen zufolge hat Hans-Ulrich von Oertzen eine wichtige Rolle im Kreis der Hitler-Attentäter um Claus Graf von Stauffenberg, Peter Graf von Wartenberg und Henning von Tresckow gespielt. Vor allem Tresckow soll von Oertzen in seiner ablehnenden Haltung gegenüber dem Krieg und der nationalsozialistischen Führung bestärkt haben. Als im Herbst 1943 der Plan, Hitler zu stürzen, konkreter wurde, erhielt von Oertzen den Auftrag, Stauffenberg zu unterstützen. Von Oertzen ging im Juli 1944 nach Berlin und erkundete hier Möglichkeiten, so schnell wie möglich Einheiten für die Zeit nach dem Attentat auf Hitler zu bilden.

An dem Tag, als die Gedenktafel für Hans-Ulrich von Oertzen in Rattey eingeweiht wurde, wurde indessen auch die Ratteyer Kirche wieder übergeben. Der Bau aus dem 14. Jahrhundert konnte durch viele Spenden, die ebenfalls durch die Familie von Oertzen initiiert wurden, saniert werden. Die Kirche hat an diesem Tag auch den Namen „Versöhnungskirche" bekommen. Besonders berührend sei der Festgottesdienst damals für die langjährige Küsterfamilie Friedrich und Waltraud Neumann gewesen. Sie hatten das Gotteshaus seit 1949 betreut, erinnert sich Horst Schröter.

(Nordkurier, Strelitzer Zeitung, vom 15. Juli 2017)

Was war Hans-Ulrich von Oertzen für ein Mensch?

Marlies Steffen im Interview mit Lars-Broder Keil

Sie haben ein Buch über Hans-Ulrich von Oertzen geschrieben. Was lieferte seinerzeit den Anlass dazu?

Journalistische Neugier, seine unglaubliche Lebensgeschichte und die Ermunterung eines Gedenkstättenleiters. 1991 wurde ich auf einige Dokumente aus dem Reichssicherheitshauptamt aufmerksam, die sich mit dem Geschehen am 20. Juli 1944 beschäftigen. Darunter war auch der Bericht über Oertzens Wirken in Berlin an der Seite Claus Schenk Graf Stauffenbergs und über seinen Selbstmord am folgenden Tag. Ein grausamer Schritt, um seine Kameraden nicht zu verraten. Das hat mich sehr beeindruckt, aber auch erschüttert. Oertzen war 29 Jahre alt – und damit ungefähr in meinem Alter, als ich zum ersten Mal von ihm hörte. Ich wollte dann einfach mehr wissen.

Haben Sie über den Mann, der zum Kern der Stauffenberg-Attentäter gehörte, noch viel in den Archiven gefunden?

In den früheren Büchern und Dokumenten über den militärischen Widerstand taucht Oertzen nur als Randfigur auf. Diese Mosaiksteine zusammengenommen, ergibt sich jedoch ein überraschendes Bild. Oertzen, der in den 1920er Jahren eine Zeit lang mit seiner Mutter auf dem Gut seines Onkels in Rattey lebte, gehörte zu den engsten Vertrauten Henning von Tresckows, einem der führenden Köpfe der Verschwörung. Er war auch involviert in die Sprengstoffbeschaffung und arbeitete zusammen mit Stauffenberg an den Alarmierungsplänen „Walküre" für den Staatsstreich mit. Viel Neues war in Archiven allerdings nicht zu finden. Die Verschwörer haben sehr konspirativ gearbeitet und wenig Schriftliches hinterlassen. Und Oertzen war noch jung. Sehr geholfen hat mir sein privates Umfeld.

Wer waren Ihre Gesprächspartner?

Nach einem ersten längeren Artikel von mir noch 1991 und weiteren Artikeln zum Jahrestag 2004 meldeten sich Menschen, die Oertzen kannten, zum Beispiel der Mitverschwörer Philipp von Boeselager, der frühere Pfarrer Vicco von Bülow, als Kind ein Nachbar der Oertzens in Rattey, oder der Bruder von Oertzens Patensohn. Oertzens Schule in Salem konnte mir Material geben und der Neffe eines väterlichen Freundes. Die wichtigste Quelle war aber Oertzens Frau Ingrid, die er wenige Monate vor dem Attentat heiratete. Sie hat mir rund 240 Liebesbriefe von ihm aus der Zeit zwischen 1942 und 1944 zur Verfügung gestellt und ihr Tagebuch. Und

Das Bild von Hans-Ulrich als junger Soldat malte seine Mutter Elisabeth. Das Gemälde wurde 1936 vom Reichsministerium für Wissenschaft, Kunst und Volksbildung angekauft.

sie hat mir Kontakte zu Freunden und der Familie ermöglicht. Von diesen erhielt ich weitere Informationen.

Wie haben Sie sich dem Menschen von Oertzen genähert?

Vor allem durch die Schilderungen seines Umfeldes und seine Briefe. Sie sind sehr persönlich gehalten und sagen sehr viel über den Menschen Oertzen aus. Mit der jungen Liebe hat er sich von Brief zu Brief mehr Gedanken über die Zukunft gemacht. Und er hat die Zeit, in der beide lebten, stärker reflektiert.

Was war Hans-Ulrich von Oertzen für ein Mensch? Immerhin hat er sich in den Dienst der Wehrmacht gestellt und ist in den Krieg gezogen.

Hans-Ulrich von Oertzen war zielstrebig, entschlusskräftig, selbstbewusst, interessiert an seiner Zeit, einer, der auf allen Gebieten zu den Besten gehörte. Als er im Frühjahr 1933 die Schule beendete, war der 18-Jährige wie viele seiner Altersgenossen von der „neuen Zeit" begeistert. Oertzen ging nach dem Abitur gleich zur Armee – das entsprach zum einen seinem Naturell. Ich denke aber auch, dass er die Tradition seines Vaters fortsetzen wollte. Dieser war im Ersten Weltkrieg gefallen – beide lernten sich nie kennen. Das hat Hans-Ulrich von Oertzen sehr beschäftigt.

Wann hat bei ihm ein Sinneswandel eingesetzt?

Das ist schwer zu belegen. Bereits in der Anfangszeit diskutierte er offen mit einem väterlichen Freund, der sehr kritisch eingestellt war. Oertzen tat aber seine ersten negativen Eindrücke vom NS-Regime ab als „notwendiges Übel". Im Krieg schreckten ihn Erlebnisse wie die brutale Behandlung der Zivilisten und das Verhalten vieler Offiziere dann mehr und mehr ab. Sicherlich spielte neben dem Kennenlernen seiner Frau auch die Versetzung in den Stab zu Tresckow eine Rolle, zu dem er eine enge Bindung aufbaute. Tresckow war ein Vorbild. Oertzens Sinneswandel war ein Prozess. Es dauert eben eine Weile, bis man erkennt, einem falschen Weg zu folgen, und noch schwieriger ist es, Konsequenzen daraus zu ziehen. Dazu brauchte es nicht nur damals viel Mut.

Waren Sie für Ihre Recherchen auch in Rattey?

Ja, ich habe mir natürlich das frühere Gut angesehen. Oertzens Urgroßeltern waren in der Region sozial sehr engagiert. Sie gründeten sogenannte

Rettungshäuser für gefährdete Jungen und Mädchen, Einrichtungen der Inneren Mission. Dazu habe ich recherchiert. Aber viel war nicht zu finden, die DDR hatte die Erinnerung an die früheren Besitzer weitgehend ausgelöscht.

Sie werden am Sonnabend bei dem Gottesdienst zur Erinnerung an den 20. Juli 1944 auch sprechen. Ihren Vortrag haben Sie „Von der Unruhe des Gewissens getrieben" genannt. Was war das, was Oertzens Gewissen ausgemacht hat?

Das war seine innere Überzeugung, sich in den Dienst einer Sache zu stellen. So schrieb er an seine Frau Ingrid: „Die Aufgaben, die das Leben ans uns stellt, müssen wir lösen, um wirklich zu leben." Und ein anderes Mal: „Nur durch Prüfungen werden wir geläutert."

Ihr Buch „Hans-Ulrich von Oertzen. Offizier und Widerstandskämpfer - Ein Lebensbild in Briefen und Erinnerung" ist 2005 erschienen. Wird es wahrgenommen?

2205 erschien das von Lars-Broder Keil geschriebene Lebensbild von Hans-Ulrich von Oertzen im Lukas-Verlag.

Der Leiter der Gedenkstätte Deutscher Widerstand in Berlin, Johannes Tuchel, ermunterte mich damals zu dieser ersten biografischen Studie zu Hans-Ulrich von Oertzen. Das Wissen über Menschen, die wichtig für unsere Geschichte gewesen seien, würde ansonsten verloren gehen, meinte er. Mein Buch wird heute in vielen Quellen als Literaturhinweis geführt. Im Personenverzeichnis der Gedenkstätte ist es als Standardwerk zu Oertzen aufgeführt. Es steht in Bibliotheken. Und Oertzens tatsächliche Rolle wird stärker beachtet.

(Nordkurier, Neubrandenburger Zeitung, vom 19. Juli 2019)

Wir waren nach Kriegsende immer noch die Hitlermörder

Die Erinnerung darf nicht aufgegeben werden

Rattey. Es ist ruhig geworden um die Ratteyer Versöhnungskirche. Der Feldsteinbau bleibt meistens verschlossen. Nur manchmal liegen ein paar Blumen vor der schweren Tür aus dunklem Holz – zum Zeichen des Gedenkens. An diesem Sonnabend aber wird das Gotteshaus ausnahmsweise offenstehen.

An diesem 20. Juli wird in Rattey unweit von Woldegk an den Widerstand gegen Hitler und an das unvollendete Attentat vom 20. Juli 1944 erinnert. Ein Mann aus dem inneren Zirkel der Widerstandsgruppe um den Grafen von Stauffenberg hat mit dem kleinen Ort Rattey zu tun: Hans-Ulrich von Oertzen verbrachte einen Teil seiner Kindheit auf dem Gut Rattey bei seinem Onkel.

Von Oertzens Vater fiel im Ersten Weltkrieg, seine Mutter Elisabeth, eine geborene von Oertzen aus dem Hause Rattey, zog ihren Sohn anfangs auf dem Gut der Familie in Rattey, welches ihrem Bruder Henning von Oertzen gehörte, groß. Hans-Ulrich von Oertzen folgte seinem Vater beruflich und wurde Militär – im Dienste der Wehrmacht. Ab 1943 diente er als Major und Offizier unter Oberst Henning von Tresckow.

Oertzen gehörte bereits im Jahr 1943 zu einer Gruppe von Offizieren, die Adolf Hitler bei einem Besuch im russischen Smolensk erschießen wollten. Hans-Ulrich von Oertzen war zusammen mit Oberst Claus Schenk Graf von Stauffenberg an der Ausarbeitung des Unternehmens „Walküre" beteiligt – letztlich der Plan für den Staatsstreich, mit dem Hitler im Juli 1944 aus der Welt geschafft geschaffen werden sollte. Nach dem misslungenen Attentat vom 20. Juli wurde auch Hans-Ulrich von Oertzen noch am gleichen Tag verhaftet.[1] Einen Tag später nahm er sich das Leben.

In der Ratteyer Versöhnungskirche erinnert seit nunmehr 27 Jahren eine Gedenktafel an Hans-Ulrich von Oertzen. Im September 1992, zur Einweihung der Tafel, war damals sogar Bundespräsident Richard von Weizäcker nach Rattey gekommen.

Die schlichte Marmorplatte mit der Erinnerung an Hans-Ulrich von Oertzen war damals der Initiative von Bertha von Buchwaldt zu verdanken. Sie wollte nicht, dass von Oertzen vergessen wird. „1945 sind wir

Henning von Buchwaldt

nach Schleswig-Holstein geflohen“, sagt Henning von Buchwaldt, einer ihrer Söhne und der Ideengeber für das Gedenken in diesem Jahr. Henning von Oertzen[2], der Gutseigentümer von Rattey, bei dem Hans-Ulrich von Oertzen aufwuchs, war der Großvater von Henning von Buchwaldt. Geflohen sind die von Buchwaldts damals vor der Roten Armee.

In Schleswig-Holstein konnte die Familie zwar Fuß fassen. „Aber“, erinnert sich Henning von Buchwaldt, „auch viele Jahre nach Kriegsende waren wir für die Einheimischen immer noch die Hitlermörder, weil wir adlig waren und der Widerstand gegen Hitler vor allem mit Vertretern des Adels in Zusammenhang gebracht wurden.“ Als Kind in der Schule sei er immer wieder beschimpft worden, und da war der Krieg schon viele Jahre vorbei, verdeutlicht der jetzt 76-Jährige.

Für ihn und seine Familie sei es immer wichtig gewesen, die Erinnerung an die Widerständler gegen Hitler nicht dem Vergessen anheim zu geben. Das Jahr, in dem sich das Attentat auf Hitler zum 75. Mal jährt, sei ihm ein guter Anlass für eine besondere Würdigung. Henning von Buchwaldts Mutter kann nicht mehr dabei sein, sie ist vor einigen Jahren verstorben. „Das Erinnern dürfen wir nicht aufgeben", sagt Henning von Buchwaldt. Diese Aufgabe werde er auch seinen Kindern übertragen. In fünf Jahren wird hier wieder eine Gedenkfeier stattfinden, kündigt er an. Zudem soll zusammen mit der Kirchengemeinde darüber nachgedacht werden, ob die bislang im Inneren der Kirche befindliche Gedenktafel außen angebracht wird. Damit sie besser wahrgenommen wird.

(Marlies Steffen, Nordkurier, Neubrandenburger Zeitung, vom 19. Juli 2019)

1 Er wurde nicht verhaftet. Seine Festnahme durch die SS stand am 21. Juli unmittelbar bevor.
2 Georg Henning von Oertzen

Vom kleinen Foto zum Ölgemälde in 55 Stunden Handarbeit

Lübbersdorf. Von der Kirche in Rattey ist der Galenbecker Ortsteil Lübbersdorf gerade einmal acht Kilometer Luftlinie entfernt. Auch abseits der Geografie sind die beiden Orte bei einem Thema ganz besonders nahe beieinander: der Geschichte der von Oertzens. Das Adelsgeschlecht besaß auch das Gutshaus in Lübbersdorf, noch immer befindet sich ein Familiengrab auf dem Lübbersdorfer Friedhof. Als die Veranstalter des Gedenkgottesdienstes in Rattey bei Peggy Steike fragten, wie denn Hans-Ulrich von Oertzen zu diesem Anlass gut dargestellt werden könnte, musste sie nicht lange überlegen, einen Beitrag zu leisten. „Wir sitzen ja hier an der Quelle", sagt sie verschmitzt.

Eine Fotografie aus dem Buch über Hans-Ulrich von Oertzen sollte auf die Leinwand gebracht werden. Keine leichte Aufgabe für Peggy Steike, die die Rekonstruktion alter Fotografien meist mit dem Bleistift vollzieht. „Bei Öl kann man schlecht radieren", betont sie. Doch die Herausforderung, aus einer verwaschenen Fotografie ein Bild zu schaffen, bei dem einem Menschen in die Augen geschaut werden kann, reizte sie.

Über mehrere Wochen arbeitete die Künstlerin an dem Ölgemälde, insgesamt 55 Stunden lang wurde Hans-Ulrich von Oertzen auf die Leinwand gebracht. 20 Stunden nahm allein das rechte Auge in Anspruch, das auf dem Foto nur zu erahnen ist. „Mehr als zwei Stunden kann ich nicht davor sitzen und malen. Sonst werde ich betriebsblind", erläuterte Steike.

Am Ende steht ein 60 mal 80 Zentimeter großes Werk, das mehr als zehn Mal so groß ist wie das Foto aus dem Buch. Bei dem Gottesdienst wird es samt Trauerbändchen in der Kirche Rattey zu sehen sein, danach wolle Steike es der Familie gerne überlassen.

„In die Schulen würde ich es aber dann gerne mitnehmen", fügt Steike noch hinzu. Für den Geschichtsunterricht bietet sie unentgeltliche

Seminare an, um mit ihren Bildern den Schülern die Geschichte noch eindrücklicher nahezubringen. Ein Ziel, das bei der Veranstaltung am Sonnabend in jedem Fall schon einmal erreicht werden müsste.

(Tim Prahle, Nordkurier, Neubrandenburger Zeitung, vom 19. Juli 2019)

Mehrere Wochen benötigte Künstlerin Peggy Steike aus Lübbersdorf den Hitler-Attentäter Hans-Ulrich von Oertzen auf die Leinwand zu bringen.

Pflicht zur Wachsamkeit

„Wo Recht zu Unrecht wird, wird Widerstand zur Pflicht"

(Johann Wolfgang von Goethe)

Gottesdienst und Gedenken
zu Ehren von Hans-Ulrich von Oertzen

* 6. März 1915 in Berlin † 21. Juli 1944 in Berlin

20. Juli 2019

11.00 Uhr

Kirche zu Rattey, Mecklenburg

Einladung zum Gedenkgottesdienst 2019

Sein Leben gehörte dem Vaterland

**Ansprache von Arndt-Heinrich von Oertzen im Gedenkgottesdienst
Gottesdienst in der Versöhnungskirche zu Rattey, am 20. Juli 2019**

Arndt Heinrich von Oertzen

Hans-Ulrich wird am 06. März 1915 in Berlin geboren. Sein Vater ist der Hauptmann Ulrich von Oertzen a. d. H. Teschow. Er fällt bereits 1916 in Frankreich und hat seinen Sohn nie gesehen. Seine Mutter ist Elisabeth v. Oertzen aus dem Hause Rattey. Seit 1922 leben Mutter und Sohn dort bei Elisabeths Bruder Henning.

Was hat Hans-Ulrich geprägt?

Hier müssen die Orte Rattey und Salem genannt werden.

Die Urgroßeltern von Hans-Ulrich, Adolph und Bertha von Oertzen, engagierten sich im christlichen Sinne – wie wir heute sagen würden – sozialpädagogisch. Angeregt durch den Theologen und Sozialpädagogen Johann Hinrich Wichern[1], dem Gründer der Inneren Mission, des Rauhen Hauses in Hamburg und der Rettungshausbewegung, schufen sie 1851 auf ihrem Gut das Rettungshaus „Bethanien" für Jungen und 1853 das Rettungshaus „Bethlehem" für Mädchen.

Hier, in Mecklenburg, auf dem Lande, verlebt Hans-Ulrich seine Jugendjahre. Die christliche Tradition von Rattey dürfte wesentlich zu seiner inneren Prägung beigetragen haben. In Rattey lernt er auch die Landwirtschaft und vor allem das Reiten lieben.

1929 erhält Hans-Ulrich ein Stipendium für die Internatsschule Schloss Salem. Diese war erst 1920 von dem Pädagogen Kurt Hahn[2] gegründet worden. Nach Hahn sollten dort junge Menschen dazu erzogen werden, Verantwortungsbewusstsein, Handlungsbereitschaft und Kooperationsfähigkeit zu entwickeln, um führende Positionen in Staat und Gesellschaft zu übernehmen. Dieses – im positiven Sinne – elitäre Konzept wurde durch Schülermitverantwortung und viel Sport unterstützt.

Die Anforderungen in Salem kommen den überdurchschnittlichen geistigen und körperlichen Anlagen von Hans-Ulrich entgegen. Und wir dürfen davon ausgehen, dass die Ideen Hahns ihn mitgeprägt haben. Auch wenn seine Mutter einmal beklagt haben soll, dass er den „Faust" ja leider nicht lese.

Joachim v. Oertzen, der damalige Vorsitzende des Oertzen'schen Familienrates, hat 1992 bei der Enthüllung einer Gedenktafel für Hans-Ulrich in dieser Kirche einen ebenso eindrucksvollen wie beziehungsreichen Satz von Kurt Hahn zitiert, den ich hier wiederholen möchte:

„Die seelische Voraussetzung aller Bürgertugenden ist die Hingabe, das heißt, die Fähigkeit des Menschen, seine gesammelte Kraft einer Aufgabe zu widmen, die über seine persönlichen Interessen hinausreicht."

1933, mit nur 18 Jahren, wird Hans-Ulrich Soldat bei der 6. Nachrichtenabteilung in Hannover. Joachim von Oertzen, der Hans-Ulrich persönlich kannte, berichtet, dass dessen militärische Laufbahn vorbildlich und er in seinem jeweiligen Rang stets einer der Jüngsten gewesen sei. Er wäre bei Vorgesetzten und Untergebenen gleichermaßen geachtet und beliebt gewesen. Nach Aussage eines Kameraden sei er der Typ des hervorragenden Organisators, persönlich tapfer und stets zur Hilfe bereit gewesen.

Im März 1943 wird Hans-Ulrich zum Stab der Heeresgruppe Mitte versetzt. Sein Vorgesetzter ist der Oberst Henning von Tresckow, der fast zur selben Zeit ein erfolgloses Attentat auf Hitler organisiert hat. Schnell bildet sich ein Vertrauensverhältnis zwischen beiden heraus, auch, weil Tresckow der Familie der Verlobten von Hans-Ulrich, Ingrid von Langenn-Steinkeller, nachbarschaftlich verbunden ist. Spätestens in dieser Zeit scheint Hans-Ulrich zu der Erkenntnis gekommen zu sein, dass Hitler Deutschland in den Abgrund führt. Und er schließt sich dem militärischen Widerstand gegen Hitler an. Tresckow nannte Hans-Ulrich einen Ritter ohne Furcht und Tadel.

Der Widerstandskämpfer Philipp von Boeselager[3] berichtet nach dem Krieg, dass Hans-Ulrich einer der wichtigsten Männer in der Widerstandsgruppe Tresckow[4] gewesen sei, da er die Walküre-Planung eigenverantwortlich durchführte. Ohne Männer wie Hans-Ulrich wären das Attentat vom 20. Juli 1944 und seine Vorbereitung nicht durchführbar gewesen.

Nach dem missglückten Attentat nimmt sich Hans-Ulrich unmittelbar vor dem Eintreffen der Gestapo und der Verhaftung am 21. Juli 1944 das Leben, um der Ermordung durch das Nazi-Regime zuvorzukommen und seine Mitwisser zu schützen. In seiner Todesanzeige heißt es: „Sein Leben gehörte dem Vaterlande."

Hans-Ulrich wird als ein Mensch beschrieben, der sich zu starken Persönlichkeiten hingezogen fühlte, die wiederum seine Intelligenz, seinen Optimismus, seinen Mut, seine Fröhlichkeit, seine Sportlichkeit schätzten. Hans-Ulrich war ehrgeizig. Er konnte pointiert und auch spöttisch sein. Seine Wendung in den Widerstand war am Ende Ausdruck seiner christlichen Prägung und der Umsetzung der Hahnschen Erziehungsziele.

Die Erinnerung an Hans-Ulrich und sein vorbildliches Handeln soll die von Torsten Simonsen gestaltete Gedenkplatte in dieser Versöhnungskirche dauerhaft wachhalten. Der Name von Hans-Ulrich befindet sich auch auf der Gedenkplatte für die 32 im zweiten Weltkrieg umgekommenen Mitglieder unserer Familie von Oertzen im Münster von Bad Doberan.

Besonderer Dank gebührt dem heute anwesenden Lars-Broder Keil, der in mehreren Veröffentlichungen Hans-Ulrich und seiner Frau Ingrid ein würdiges literarisches Denkmal gesetzt hat.

In dem zweiten Brief von Hans-Ulrich an seine damals neue Freundin Ingrid von Langenn-Steinkeller vom 12. August 1942 schreibt er: „Die Aufgaben, die das Leben an uns stellt, müssen wir lösen, um wirklich zu leben."

1 Johann Hinrich Wichern (1808 - 1881) war ein deutscher Theologe, Sozialpädagoge, Gründer der Inneren Mission der Evangelischen Kirche, des Rauhen Hauses in Hamburg und Gefängnisreformer. Er gilt als einer der Gründer der deutschen Rettungshausbewegung und als Erfinder des Adventskranzes.
2 Kurt Hahn (1886 - 1974) war ein deutscher Politiker und Pädagoge und gilt als einer der Begründer der Erlebnispädagogik. Er war jüngerer und enger Freund des letzten Reichskanzlers des deutschen Kaiserreichs, Max von Baden.
3 Philipp Freiherr von Boeselager (1917- 2008) war einer der letzten Überlebenden des innersten Kreises der militärischen Widerstandsgruppe um Generalmajor Henning von Tresckow und Oberst Claus Schenk Graf von Stauffenberg.
4 Henning von Treckow (1901-1944) war seit 1941die zentrale Figur des militärischen Widerstands gegen Hitler.

Widerstand ist nicht, Widerstand wird

Minister Harry Glawe, Grußwort der Landesregierung Mecklenburg-Vorpommern auf dem Gedenkgottesdienst am 19. Juli 2019

Harry Glawe, Minister für Wirtschaft, Arbeit und Gesundheit des Landes Mecklenburg-Vorpommern

Wenn wir an den 20. Juli 1944 zurückdenken, dann empfinden wir Verzweiflung Trauer Scham, Wut – aber auch Hoffnung, Erleichterung und vielleicht ja auch so etwas wie Stolz. Das Attentat auf Adolf Hitler am 20. Juli 1944 mag gescheitert sein. Aber vielleicht ist dieses Datum wie kein anderes in der deutschen Geschichte Ausgangspunkt für das freiheitliche, demokratische Deutschland, in dem wir heute leben dürfen.

Das Monster mag an diesem 20. Juli davongekommen sein, aber die Taten der Widerstandskämpfer um Oberst Claus Schenk Graf von Stauffenberg haben das letzte Stückchen Seele Deutschlands bewahrt. Mitten in all dem Hass, der Zerstörung, der Wut, der Willkür und der Verzweiflung haben diese Männer und Frauen ihre Menschlichkeit bewahren können. Daraus konnte Deutschlands heutige Staatsraison, sein kritisches Geschichtsverständnis und seine freiheitlich-demokratische Verfassung wieder wachsen.

Artikel 1 unseres Grundgesetzes: „Die Würde des Menschen ist unantastbar." Dieser Satz ist oberste Maxime allen staatlichen Handelns in Deutschland und direkte Reaktion auf die Verbrechen unseres Landes. Dieser Satz ist gerade aufgrund seiner Einfachheit, seiner Deutlichkeit so bedeutend. Er ist so formuliert, dass er für uns alle verständlich ist. Jeder Mann, jede Frau weiß sofort, was mit ihm gemeint ist.

Den Maßstab gibt unser Grundgesetz vor. In einfachen Worten. Für jeden unverkennbar und nachvollziehbar. Jeder hat in unserem Land mit weit über 80 Millionen Menschen kennt den Imperativ von Unantastbarkeit der Menschenwürde.

Nur leider gibt es zunehmend Stimmen, die diesen Imperativ nicht mehr für alle Menschen akzeptieren wollen, die bestimmte Bevölkerungsgruppen davon ausschließen wollen. Laut unserem aktuellen Verfassungsschutzbericht liegt allein die Zahl direkt Rechtsextremisten in Deutschland bei mittlerweile über 24.000 Personen – rund die Hälfte davon gewaltbereit. Es sind gerade diese Leute, die agitieren, in den sogenannten sozialen Medien ihre Hassparolen verbreiten und sogar offen zu Gewalt aufrufen. Sie haben es aktuell sehr einfach, mit schrillen Parolen zu anderen Menschen durchzudringen, die diese unwidersprochen aufnehmen können.

Festnahmen extremistischer Gruppierungen quittieren diese Personen nicht mit Resignation, sondern sehen sie eher noch als ein Zeichen, dass es Gleichgesinnte gibt.

Das Gewaltpotenzial dieser Personengruppe nimmt zu. Die Ermordung von Walter Lübke, die dahinterstehende Motivation, haben einer schockierten Öffentlichkeit gezeigt, dass in Deutschland im Jahre 2019 möglich ist, was wir nie wieder für möglich gehalten hätten.

Wenn heute die Repräsentanten unserer Demokratie, allen voran die Ehrenamtlichen, wenn Bürgermeister, Politiker und Bürgerrechtsinitiativen, bedroht und tätlich angegriffen werden – dann ist das mehr als ein Alarmzeichen für unsere Demokratie und unseren Rechtsstaat.

Diejenigen – und das ist die überwiegende Mehrheit unserer Bevölkerung – die weiterhin auf der Seite des Grundgesetzes und seines Artikels 1 gestehen, müssen für sich entscheiden, in welcher Form sie auf dieses aufkeimende Gedankengut, auf diese Gefahr von innen reagieren wollen.

Denn Artikel 1 des Grundgesetzes bedeutet auch, dass jede Bürgerin und jeder Bürger Stellung beziehen muss. Bürgerinnen und Bürger sind nicht irgendwelche Objekte des Staates, sondern sie sind nach unserem republikanischen Verständnis der Souverän, sie sind mündig und sie sind selbstbestimmt.

Es ist wichtig, sich immer wieder in Erinnerung zu rufen, dass dies nicht nur auf dem Papier oder am Wahltag so ist, sondern dieses Recht der Bürgerinnen und Bürger – und gleichzeitig ihre Pflicht –durch sie jeden Tag gelebt werden müssen.

In Deutschland tun das Millionen von Menschen, und das will ich hier deutlich sagen: Die überwiegende Mehrheit lebt nach diesem Prinzip und verteidigt es. Dies geschieht in den Vereinen, im Ehrenamt, als Bürgermeister, auf friedlichen Demonstrationen oder einfach durch individuelles tägliches Handeln.

Politik, Sicherheitsbehörden, Bürgerinnen und Bürger, Vereine, Initiativen, Kirchen und Religionsgemeinschaften, Verbände, die Medien, Vertreterinnen und Vertreter, alle gesellschaftlichen Gruppen müssen zusammenstehen und jederzeit, überall, lautstark und eindeutig zeigen, dass Hass und Gewalt in Deutschland nie wieder einen Platz haben werden.

Der Staat muss dabei rigoros gegen Extremisten vorgehen, insbesondere auch in seinen eigenen Reihen. Einen Staat im Staate darf es niemals geben.

Extremisten müssen vor allem aber auch zu spüren bekommen, dass ihre Botschaften in der breiten Gesellschaft kategorisch abgelehnt werden: in den Vereinen, den Feuerwehren, auf den Dorffesten, im Freundes- und Bekanntenkreis, auf der Straße und auch im Internet.

Leider haben uns doch gerade die letzten Wochen gezeigt, dass aus Worten nicht nur in der Theorie irgendwann Taten folgen, sondern in der gelebten Wirklichkeit.

Meine Damen und Herren,

die Widerstandskämpfer, ich habe es eingangs gesagt, haben uns ein großartiges Erbe hinterlassen. Aber es ist an jedem und jeder von uns, auf diesem Erbe etwas aufzubauen, aktiv zu werden, Stellung zu beziehen.

Wenn wir es gut machen, werden wir nie vor so einer Entscheidung stehen wie die Männer und Frauen des 20. Juli: nämlich Gefängnis, Folter oder gar das Ende des eigenen Lebens dafür in Kauf zu nehmen, die eigenen Mitmenschen und die Werte, an die man glaubt, zu beschützen. Nichtsdestotrotz: Auch die Taten, die heute gefragt sind, erfordern eine Menge Mut. Gegenrede zu leisten, ist anstrengend und kann für uns ebenso Konsequenzen bedeuten.

Gerade dafür sind uns die Menschen, die hinter Stauffenberg und Tresckow standen, ein Vorbild. Natürlich braucht Geschichte auch Namen und Gesichter, mit denen wir Geschichte erzählen. Sie geben uns Halt, Orientierung und dienen uns als Leitfaden für unser eigenes Handeln.

Die Geschichtsbücher mögen sich vor allem auf diejenigen konzentrieren, die die Ziele vorgeben und mit der Waffe mutig vorausgegangen sind – also „Geschichte schreiben", die „Köpfe des Widerstands", wie wir das landläufig beschreiben.

Unbestritten ist: Stauffenberg und Tresckow zählen zu dieser Kategorie.

Richtig ist aber auch, dass Hans Ulrich von Oertzen die Planungszentrale hinter dem 20. Juli war. Er war es, der die Walküre-Pläne im Zusammenspiel mit Stauffenberg umgeschrieben hat. Er war es, der die Befehlsketten und Pläne für die Operation in der Hand hatte. Er war es, der mit der Weitergabe des Befehls das Unternehmen Walküre ausgelöst hat.

Es braucht nicht nur Lichtgestalten. Es braucht auch diejenigen, die im Stillen ihren wichtigen Beitrag leisten. Ohne diese Frauen und Männer – ohne Hans Ulrich von Oertzen – hätte es den 20. Juli erst gar nicht gegeben.

Wahrscheinlich hätte es Hans-Ulrich von Oertzen zu Beginn seines Dienstes in der Wehrmacht selbst am allerwenigsten erwartet, dass er sich eines Tages für diesen radikalen Schritt entscheiden würde. 1932 trat er ins Heer ein. Mit 18 kam er im April 1933 zur Nachrichten-Abteilung nach Hannover. Er war beliebt, geachtet, selbstbewusst und ehrgeizig, stieg innerhalb des Militärs schnell auf und arbeitete im Dienstgrad eines Majors im Generalstab.

Auf den ersten Blick keine klassische Widerstands-Biografie, würde man meinen.

Aber wie Altpräsident Joachim Gauck anlässlich des 70. Jahrestages des 20. Juli so treffend formulierte: „Widerstand ist nicht, Widerstand wird." Und weiter: „Er mag mit leisen Zweifeln beginnen an dem, was man einmal für wahr gehalten, was man einmal geglaubt hat. Von einem bestimmten Punkt an braucht Widerstand jedoch Mut zum Handeln."

Und Mut den hatte Hans Ulrich von Oertzen. Besonders die Großeltern seiner Mutter, sein fester christlicher Glaube und auch sein Internatsaufenthalt in Salem haben seinen klaren moralischen inneren Kompass geprägt. Er war wie gemacht dafür, im Kreis von Stauffenberg und Tresckow wichtige organisatorische Aufgaben mit dem Ziel zu übernehmen, Adolf Hitler zu töten.

Mut, den kann auch jede und jeder von uns aufbringen. Man muss es ja nicht eines Tages in die Geschichtsbücher schaffen, wie Stauffenberg und Tresckow, oder sich solch ultimativen Entscheidungen stellen, wie Hans-Ulrich von Oertzen es getan hat.

Aber, meine Damen und Herren, man muss sich schon fragen, ob man selbst die Zivilcourage und die charakterliche Stärke hat, die Stimme zu erheben, zu widersprechen und darüber zu reden, für welche Werte man lebt.

Jeder von uns hat die Wahl zwischen Handeln und Untätigkeit, zwischen Reden und Schweigen.

Und wenn uns das Erbe gerade auch der Helden hinter Stauffenberg und Tresckow, wenn uns das Erbe Hans-Ulrich von Oertzens eines lehrt, dann, dass genau jetzt der Zeitpunkt ist, zu reden, nicht allein auf den Staat zu schauen oder darauf zu hoffen, dass irgendwer schon zum Sprachrohr der Menschlichkeit wird, sondern selbst Partei zu ergreifen, schwierige Gespräche zu führen, im Einzelfall vielleicht sogar auf Kosten der Freundschaft oder der Familienbande. Das ist zutiefst unbequem. Aber jeder von uns ist gefragt.

Nur so werden wir verhindern, dass es wieder eine Herrschaft von Gewalt und Willkür in unserem Land gibt. Nur so leben wir die wunderschöne Einfachheit des ersten Grundgesetz-Artikels. Nur so würdigen wir das Erbe von Hans Ulrich von Oertzen und all den mutigen Menschen des 20. Juli.

Meine Damen und Herren, ungezählte Widerstandskämpfer haben ihren Einsatz gegen die Diktatur mit dem Leben bezahlt. Lassen Sie uns alle gemeinsam unbequeme Entscheidungen treffen.

Jeder für sich. Ohne einen Blick darauf, ob das andere nicht vielleicht für uns tun würden.

Wir selbst sind für unser Handeln verantwortlich.

Er hat Anteil an der deutschen Geschichte

**Bischof Dr. Hans-Jürgen Abromeit, Predigt auf dem
Gedenkgottesdienst am 20. Juli 2019**

*„Gott hat uns nicht gegeben einen Geist der Furcht,
sondern der Kraft und der Liebe und der Besonnenheit."*
2. Timotheus 1, 7

Bischof em. Dr. Hans-Jürgen Abromeit

Morgen jährt sich der Todestag von Hans-Ulrich von Oertzen zum 75. Mal. Muss man an den Tod eines Neunundzwanzigjährigen nach einem Dreivierteljahrhundert noch erinnern?

Jeder Mensch ist einmalig und das kennzeichnen wir, indem jeder Mensch einen eigenen Namen hat. In Ehrfurcht vor diesem Namen sollten wir die Erinnerung bewahren. Bei Hans-Ulrich von Oertzen tritt noch etwas zu. Durch die Beteiligung des jungen Mannes am Attentat auf Adolf Hitler hat er Anteil an der deutschen Geschichte. Er gehört zu denjenigen, die gezeigt haben, dass es noch ein anderes Deutschland gab und gibt. Neben dem Deutschland, das allzu unbedacht Hitler gefolgt ist, gab es eben auch das andere, das bereit gewesen ist, unter Inkaufnahme einer

Ungewissheit über das persönliche weitere Schicksal für Recht und Gerechtigkeit einzutreten. Bewegt von den an der Kriegsfront gesammelten Eindrücken und durch das wachsende Elend der Zivilbevölkerung lässt sich Hans-Ulrich von Oertzen für den Widerstand gewinnen. Aber er ist unsicher, wie es weitergehen soll, nachdem schon einige Attentate gescheitert sind. Er sucht Orientierung und besucht am Pfingstmontag 1944 den Militärgottesdienst. Der Pfarrer predigt über ein Wort aus 2. Timotheus 1, 7: „Gott hat uns nicht gegeben den Geist der Furcht, sondern der Kraft und der Liebe und der Besonnenheit."

Dieses Wort spricht Hans-Ulrich von Oertzen so an, dass er darüber mit dem Pfarrer unter vier Augen nach dem Gottesdienst noch sprechen will. Er fragt danach, was diese Worte für ihn persönlich bedeuten könnten: „Gott hat uns nicht gegeben den Geist der Furcht, sondern der Kraft und der Liebe und der Besonnenheit." Dieses Bibelwort soll auch über diesem Gottesdienst stehen.

Gott schenkt Mut. Er lässt uns nicht allein, sondern er steht auch in schwierigen Situationen seinen Leuten zur Seite. Ja, er ist auch dann da, wenn alles zu Bruch zu gehen scheint. Nicht selten kommt es nicht zur entscheidenden Tat, weil die Furcht nach uns greift. Angst ist aber ein schlechter Berater. Da lässt dieses Pauluswort aufmerken. Gott macht seine Leute nicht zaudernd und zagend, sondern Gott ermutigt, feste Schritte zu tun.

Interessant ist, wie der Apostel das formuliert. Gott schenkt uns seinen Geist. Das passt natürlich gut zu Pfingsten, zu dem Feiertag, an dem wir in besonderer Weise an die Ausgießung seines Geistes erinnern. Gott ermutigt nicht nur. Er legt vielmehr etwas von sich in uns, seine Leute, hinein. Der christliche Glaube geht von einem besonderen Gottesbild aus. Wir nennen es trinitarisch, dreieinig. Gott ist einer, aber er existiert in drei Seinsweisen. Die Benennungen für diese Seinsweisen Gottes charakterisieren jeweils besondere Akzente seines Wirkens. Gott hat diese Welt geschaffen. Er ist der Anfang von allem. Und weil er für uns Menschen das Beste will, nennen wir ihn Vater – oder auch manchmal Mutter. Wir alle wissen, dass Gott nicht männlich und nicht weiblich ist, dass er über den Geschlechtern steht. Gott meint es so gut mit uns, wie sonst nur Vater und Mutter.

Andererseits ist nirgendwo deutlicher geworden, was das Wesen Gottes ausmacht, als in Jesus Christus. Was er lehrte, was er tat, in allem sehen wir in ihm den guten Willen Gottes. Deswegen nennen wir Jesus den Sohn Gottes. Jesus ist kein zweiter Gott neben dem Vater. Aber niemand kennt den Vater besser, als nur der Sohn. Der Sohn Gottes ist die uns zugewandte Seite Gottes.

Die dritte Seinsweise Gottes nennen wir den Geist. Nein, es ist nicht die mütterliche Seite in Gott, auch wenn das heute oft behauptet wird. Da ist wohl eher der Wunsch nach etwas Weiblichem der Ursprung des Gedankens. Der Geist ist nicht weiblich, wenigstens nicht in der biblischen Tradition. Er ist das Sächliche, das Neutrum in Gott, das „Es". Im Geist gibt uns Gott Anteil an sich. Deswegen sagen wir: Gott schenkt uns seinen Geist. Wenn etwas von Gott in uns ist, dann ist das etwas

Gebannt lauschten die Besucher des Gedenkgottesdienstes der Predigt von Bischof Abromeit.

Stärkendes, etwas Kräftigendes, Ermutigendes, aber nicht Angst und Furcht. Gott macht uns keine Angst.

Wir merken, wovon Hans-Ulrich von Oertzen angerührt gewesen sein muss. In diesen Tagen seines Lebens stand die Frage im Raum, darf ich mich an einem Attentat auf Hitler beteiligen? Darf man menschliches Leben töten? Hier gegen steht das fünfte Gebot: Du sollst nicht töten. Nun mag man einwenden: Ein Soldat weiß doch um die Notwendigkeit, in Zeiten des Krieges zu töten. Gehört die Bereitschaft, im Befehlsfall Leben zu vernichten, nicht zu den Regeln des Soldatenhandwerks? Genau hier liegt aber – und damals noch mehr als heute – das Problem. Im Fall eines Attentats auf den Oberbefehlshaber der Streitkräfte wendet sich die Bereitschaft zu töten gegen den, der allein die Autorität hatte, als Spitze der Befehlsgewalt das sonst selbstverständliche Tötungsgebot außer Kraft zu setzen. Deswegen zauderten die an den Umsturzvorbereitungen beteiligten Militärs. Das fünfte Gebot und ihr Eid auf Adolf Hitler hielten sie zurück. Und nun hört Hans-Ulrich von Oertzen dieses Bibelwort, das betont: Gott lässt uns auch nicht zaudern. Er gibt denen, die auf ihn trauen, ein festes Herz und Entschlusskraft. Kein Wunder, dass er den Pfarrer bittet, im Vier-Augen-Gespräch zu erläutern, was der Predigttext für ihn persönlich bedeutet. Pfingstmontag 1944, das war der 29. Mai. In diesen Tagen hat sich der Stabsoffizier mit diesen Fragen gequält, ob er sich aus christlich-ethischen Gründen am gewaltsamen Widerstand gegen Hitler beteiligen darf.

Da hört er: Gott hat etwas von sich, seinen Geist, in uns hineingelegt. Was das ist, sagt der Apostel gleich genauer: Kraft, Liebe und Besonnenheit. Zunächst ist dies **KRAFT**. Im griechischen Text lesen wir das Wort „Dynamis". Da hören wir gleich Dynamit und verstehen: Diese Kraft Gottes ist nichts für Leute, die Ruhe für die erste Bürgerpflicht halten. Die Kraft Gottes setzt in Bewegung. Sie befähigt zu Taten. Die Kraft Gottes vermittelt eine Macht, die ich aus mir heraus nicht habe.

Es ist auffällig, dass in dem Kreis der Widerständler viele in der Zeit der Vorbereitung von Attentat, Umsturz und bei der Überlegung, wie nach Hitler und dem Nationalsozialismus ein neuer Anfang gemacht werden kann, wieder neu nach dem christlichen Glauben fragen. Für nicht wenige ist die Zukunft nicht deutsch, sondern europäisch. Und dieses zukünftige Europa ist „nur auf christlich-ethischer Grundlage denkbar"[1]. Man hatte begriffen, dass das sogenannte „Dritte Reich" den Nationalsozialismus als umfassende Weltanschauung, als Gegenentwurf verstand, der das Christentum ablösen sollte. Eine patriotische Grundhaltung ist diesen konservativ gesonnenen Männern selbstverständlich. Der Einfluss des christlichen Glaubens unterscheidet aber diese Vaterlandsliebe von jedem Nationalismus und allem völkischen Denken.

Der Einbruch völkischer Religiosität bei den sogenannten Deutschen Christen wird als Sündenfall der Kirche gewertet. So hält man sich aus dem Kirchenkampf zwar weitestgehend zurück, nimmt ihn aber interessiert wahr und verfolgt das Agieren der Bekennenden Kirche mit Sympathie. Die „Mutigen vom 20. Juli 1944" fangen an, die Bibel zu lesen. Man sucht nach Orientierung und findet sie in der Bibel. Bei einigen wird der sonntägliche Gottesdienstbesuch zu einer regelmäßigen Gewohnheit. Überhaupt intensivieren sich bei diesen Männern und ihren Frauen religiöses Denken und religiöse Praxis. Je lebendiger der christliche Glaube wird, je stärker wird er zu einer Kraftquelle für das Engagement im Widerstand.

Dann zeichnet den Geist, den Gott seinen Leuten schenkt, Liebe aus. Liebe als Kern des christlichen Glaubens verträgt sich nicht mit einem Herrenmenschentum, das bereit war über so viele Leichen zu gehen. Auch wenn den Widerstandskämpfern des 20. Juli 1944 das ganze Ausmaß der von Deutschland ausgehenden Vernichtung noch nicht deutlich sein konnte, als Militärs wussten sie um die Dimension des Todes, die sich mit dem 2. Weltkrieg und dem nationalsozialistischen Terrorregime verband.

Die hohen Werte des christlichen Glaubens stehen quer zu den praktischen Folgen des Nationalsozialismus. Nächstenliebe und das Recht des Stärkeren passen nicht zueinander. Hans-Ulrich von Oertzen wurde das im Gespräch mit zwei Menschen, die nun eine immer größere Bedeutung in seinem Leben einnahmen, deutlich. Es waren dies seine spätere Frau, Ingrid von Langenn-Steinkeller, und sein Vorgesetzter in der

Heeresgruppe Mitte, Henning von Tresckow. Der Einfluss dieser beiden Personen auf von Oertzen ist nicht zu unterschätzen.

Liebe will das Beste für andere. Sie ist bereit, sich selbst zurückzunehmen, damit auch ihr Gegenüber mit seinen Bedürfnissen zum Zuge kommen kann. Das ist freilich ein anderer Geist als der der Politik des nationalsozialistischen Deutschlands.

Dazu tritt Besonnenheit. Sie heißt auf Griechisch „Sofrosyne" und meint die Vernünftigkeit, die geistige Gesundheit. Sie ist das „notwendige Element einer Liebe, die die Spannung zwischen Hingabe und Abstand zueinander aushält". Die Männer des 20. Juli waren keine Hitzköpfe. Die sie beratenden und begleitenden Frauen auch nicht. Obwohl die Frauen nach der Natur der Sache kaum eine aktive Rolle im Widerstand spielen konnten, waren sie doch in der zweiten Reihe unglaublich wichtig. Man sieht das an dem Austausch, den Hans-Ulrich von Oertzen mit seiner Verlobten und späteren Frau Ingrid gehabt hat.

Der Weg, den von Oertzen gegangen ist, zeigt auch, dass die Bereitschaft zum Widerstand nicht vom Himmel fällt. Anfangs hatte sich Hans-Ulrich von Oertzen dem Nationalsozialismus gegenüber durchaus aufgeschlossen gezeigt. Aber der Gang der Ereignisse und der Austausch mit anderen, vor allem mit Henning von Tresckow, haben – wie er selber sagt – „seine Einstellung zu vielen Dingen über den Haufen geworfen"[2]. So war es diese Kraft, Liebe und Besonnenheit, die am Ende auch für Hans-Ulrich von Oertzen lebensentscheidend wurden. Er ist einen Weg gegangen, der nicht das Ziel erreichte, das er und die vielen anderen „Mutigen des 20. Juli 1944" hatten erreichen wollen. Das Attentat erreichte sein Ziel nicht. Hitler wurde nicht beseitigt. Der Krieg wurde nicht beendet. Der Diktator und sein Terrorregime konnten ihre Schreckensherrschaft noch neun lange Monate fortsetzen und weiterhin Unheil über Deutschland und Europa bringen. Die Vernichtung der Juden ging ungebremst weiter. Das Morden hörte nicht auf.

Aber mit dem Attentat auf Hitler zeigte sich etwas von dem anderen Geist, der eben auch wirkmächtig in der Geschichte ist, auch wenngleich er im Juli 1944 noch nicht die Oberhand erhielt. In welch anderen Dimensionen es zu denken gilt, zeigen die berühmten letzten Worte Henning von Tresckows: „Jetzt wird die ganze Welt über uns herfallen und uns beschimpfen. Aber ich bin nach wie vor von der felsenfesten Überzeugung, dass wir recht gehandelt haben. Ich halte Hitler nicht nur für einen Erzfeind Deutschlands, sondern auch für den Erzfeind der Welt. Wenn ich in wenigen Stunden vor den Richterstuhl Gottes treten werde, um Rechenschaft abzulegen über mein Tun und Unterlassen, so glaube ich mit gutem Gewissen das vertreten zu können, was ich im Kampf gegen Hitler getan habe. Wenn einst Gott Abraham verheißen hat, er werde Sodom nicht verderben, wenn auch nur zehn Gerechte darin seien, so hoffe ich, dass Gott auch Deutschland um unseretwillen nicht vernichten wird."[3]

Die Männer des 20. Juli und die sie unterstützenden Frauen haben ein Zeichen gesetzt, das auch weiterhin für uns Verpflichtung ist. Vor Gott ist es nicht zu verantworten, die Menschenrechte für bestimmte Menschen außer Kraft zu setzen. Völkisches Denken ist und bleibt unchristlich. Manchmal sind kalkulierte Rechtsbrüche notwendig, um die Herrschaft des Rechtes wieder aufzurichten. Am Ende siegt doch der Geist der Kraft, der Liebe und der Besonnenheit.

Amen.

1 Vgl. Christoph Strom, Die Bedeutung von Kirche, Religion und christlichem Glauben im Umkreis der Attentäter des 20. Juli 1944; in: „Ihr Ende schauet an …" Evangelische Märtyrer des 20. Jahrhunderts, hg. v. Harald Schulze und Andreas Kurschat unter Mitarbeit von Claudia Bendick, Leipzig 2006, 97-114; 101.
2 So vertraut er es seiner Verlobten an.
3 Zitiert nach: G. Brakelmann, Art.: Tresckow, Henning von, in: „Ihr Ende schauet an …" Evangelische Märtyrer des 20. Jahrhunderts (s. Anm.1).

Von der Unruhe des Gewissens getrieben
Lars-Broder Keil, Rede auf dem Gedenkgottesdienst
am 20. Juli 2019 in Rattey

Lars-Broder Keil, Journalist und Buchautor

Wer traut sich, Hitler zu töten? Diese so einfach formulierte Frage war vor 75 Jahren eine ganz fundamentale im Kreis des militärischen Widerstands. Sie war nicht leicht zu beantworten – und sie war, wäre sie offen ausgesprochen worden, noch bis zum Tag, an dem der Diktator sich selbst richtete, tödlich gewesen. Wer gleichwohl so einen Schritt wagte, musste gelenkt gewesen sein von der Gewissheit, dass dieser Weg unumgänglich geworden war. Dass er notwendig war, das Sterben im Krieg zu beenden und weiteren Schaden von Deutschland abzuwenden.

Anschlagsversuche aus dem Widerstandsgruppen im Militär hatte es schon vor dem 20. Juli 1944 wohl gegeben, aber sie waren alle im Ansatz gescheitert. Die Verschwörer wollten Hitler während eines Truppenbesuchs erschießen, dann auf dem Rückflug in die Luft sprengen, ihn im Berliner Zeughaus bei der Präsentation von Beutewaffen töten oder bei einer Vorführung neuer Uniformen. Jedes Mal kam etwas dazwischen, keine Bombe explodierte, kein Schuss wurde abgefeuert.

Wenn es um den geistigen Hintergrund der Angehörigen des militärischen Widerstands geht, findet sich in der Literatur oft die Aufzählung: patriotisch, tief religiös, beeinflusst vom hegelianischen Idealismus wie von der Mystik Stefan Georges, geprägt vom militärisch-preußisch-aristokratischen Kodex. Keine Demokraten. Mithin von Einflüssen und Einstellungen, die vielen heute völlig fremd sind und weit jenseits unserer eigenen Prägungen liegen. Mit ihrer Haltung waren die Stauffenbergs,

Tresckows und Olbrichts schon damals so etwas wie Außenseiter.

Heute, wo politische Korrektheit fast zur Religion erhoben, wo Gruppen und Parteien einen Erziehungsauftrag verspüren und anderen verordnen wollen, was sie zu denken und zu sagen und wie sie sich zu verhalten haben, wären die Angehörigen des militärischen Widerstands als Rechtspopulisten oder gar als Rechte abgestempelt worden. Misstrauisch beäugt.

Und schwierig ist der Umgang mit dem 20. Juli 1944 noch immer. Einen Grund dafür formulierte der Publizist Karl Heinz Bohrer 2013 in der Gedenkstunde der Bundesregierung in Plötzensee. Seine Deutung: „Sie werden vor allem bedacht als Opfer der nationalsozialistischen Diktatur, als ein Teil jener Tausenden und Millionen Opfer, die diese Diktatur über Deutschland und Europa gebracht hat. Die Idee aber, dass man sie, besonders sie, als aktive Verschwörer ehren sollte, herausheben aus dem angstvollen Schweigen der Mehrheit oder aus der fanatischen Zustimmung einer Minderheit während jener blutigen dreißiger und vierziger Jahre des letzten Jahrhunderts, eine solche Idee scheint für Viele noch immer schwierig zu sein."

Meiner Ansicht nach kommt noch etwas dazu: eine mangelnde Bereitschaft, das Geschehen aus der damaligen Zeit heraus zu beurteilen, Zwänge wie Spielräume des Einzelnen in Betracht zu ziehen. Stattdessen wird historisches Geschehen oft mit heutigen politischen Maßstäben und dem Wissen von heute bewertet. Dies wird den Menschen, die damals ihr Leben riskierten und es vielfach verloren, nicht gerecht. Und es erschwert eine objektive geschichtliche Einordnung ihres Handelns. Ich möchte mich den Fragen widmen: Wie wird man Widerstandskämpfer? Wie ist es, Widerstandskämpfer zu sein?

„Von der Unruhe des Gewissens getrieben". Erwarten Sie bitte nicht, dass ich Ihnen exakt sagen kann, wann bei Oertzen dieses Gefühl einsetzte. Oertzens Sinneswandel war ein Prozess. Gerade in Diktaturen dauert es eine Weile, bis man womöglich erkennt, einem falschen Weg zu folgen. Deshalb sind sie ja so erfolgreich. Von Bertolt Brecht stammt das Zitat: „Unglücklich das Land, das Helden nötig hat." Ich sehe, seit ich 1991 zum ersten Mal auf ihn aufmerksam wurde, vor allem den Menschen. Und

Hans-Ulrich von Oertzen war ein Mensch, der zielstrebig und ehrgeizig war, aber nicht immer zielgerade vorging. Er war unerschrocken als Militär an der Front, aber auch, als es um die Durchführung des Staatsstreiches ging. Er war selbstironisch, humorvoll, aber zugleich nachdenklich, ernst und voller Empathie für andere. Er war ein Mensch, der sich begeistern konnte, aber reflektierend genug war, Fehler zu erkennen und seine Schlüsse daraus zu ziehen. Er war mutig. Sein väterlicher Freund Edgar Röhricht[1] beschrieb Oertzen einmal so: „Wo wir zu grübeln und zu erwägen beginnen, verfügt er über die Unbekümmertheit des Entschlusses."

Hans-Ulrich von Oertzen wurde am 6. März 1915 geboren, ein Jahr später starb sein Vater, ein Militär, im Ersten Weltkrieg. Beide, Vater und Sohn, haben sich nie gesehen. Die Mutter, ebenfalls eine von Oertzen aus der weitverzweigten Familie, war Malerin. Die Eltern von Hans-Ulrich besaßen weder ein Gut noch anderes nennenswertes Vermögen, so dass es der Mutter nicht leicht fiel, sich und ihren Sohn zu versorgen.

Mitte der 1920er Jahre lebte der junge Oertzen rund sechs Jahre hier in Rattey, weil seine Mutter ihrem von seiner Familie verlassenen Bruder, also Oertzens Onkel, den Haushalt führte. Diese Zeit hat Oertzen geprägt und

Hans-Ulrich von Oertzen (1v.r.) mit Mitschülern in Salem

ihn zu einem traditionsbewussten, bodenständigen Menschen gemacht. Seine Urgroßeltern waren in der Region sozial sehr engagiert gewesen. Sie gründeten sogenannte Rettungshäuser für gefährdete Jungen und Mädchen, Einrichtungen der Inneren Mission. Oertzen lernte kennen, wie sehr Landwirte, die ihren Boden bestellen, mit ihrem Land und der Natur verbunden sind. Seine große Liebe zu Pferden wurde hier gelegt. Auch sein Sinn für Kunst – wie sich vor Jahren noch Ratteyer erinnerten – zeichnete Mutter Elisabeth auch die Nachbarskinder.

Zwei Schülerkarten von Hans-Ulrich von Oertzen aus dem Internatsgymnasium Schloss Salem am Bodensee, das er als Stipendiat zwischen 1929 und 1933 besuchte.

Zur „Gewissensbildung" Oertzens gehörte auch die humanistische Ausbildung in der Internatsschule Salem am Bodensee. Aus dieser Zeit stammt ein Zitat von Schulgründer Kurt Hahn, das auf Oertzens weiteren Weg zugeschnitten scheint: „Die seelische Voraussetzung aller Bürgertugenden ist die Hingabe, das heißt, die Fähigkeit eines Menschen, seine gesammelte Kraft einer Aufgabe zu widmen, die über seine persönlichen Interessen hinausreicht."

Als Hans-Ulrich von Oertzen im April 1933 sein Abitur ablegte – wir wissen, in welcher Zeit – war der 18-Jährige wie viele seiner Altersgenossen von seiner Zeit begeistert, von einem Regime, das vorgab, eine neue Gesellschaft mit neuen Menschen schaffen zu wollen. Solche Systeme schreiben überkommene Begriffe um, analysierten Johannes Tuchel und Peter Steinbach von der Gedenkstätte Deutscher Widerstand. Sie belegen sie mit neuem Sinn und verwandeln sie in politische Schlagworte. Sie vernebeln auf diese Weise die Wahrnehmung des Unrechtscharakters und erzeugen Wehr- und Fraglosigkeit.

Zum anfänglichen Erfolg des NS-Regime trug noch etwas anderes bei. Auch das gehört zur unvoreingenommenen Betrachtung der Zeit: In der deutschen Bevölkerung herrschte eine große Abneigung gegen die Politik und die politischen Akteure der Jahre zuvor. Regierungen hatten mit neuen Koalitionen häufig gewechselt. Keine bekam die Auswirkungen der Weltwirtschaftskrise in den Griff. Viele Deutsche hatte den Eindruck, die Politik drehe sich nur um sich selbst, sei nicht mehr glaubhaft – und verloren so jeden Glauben in die parlamentarische Demokratie. Dazu zählte auch Oertzen, der im Dezember 1932 seinem väterlichen Freund Röhricht, einen Anhänger von Reichskanzler Kurt von Schleicher[2], an den Kopf warf: „Verbeamtet seid Ihr, zu hoffnungslosen Spießern geworden, wirft man Euch vor! Draußen aber herrscht frischer Wind."

Oertzen ging nach dem Abitur gleich zur Armee – das entsprach zum einen seinem Naturell und war damals ein üblicher Beruf. Ich denke aber auch, dass er die Tradition seines Vaters fortsetzen wollte. Dass sich beide nie kennenlernen konnten, hat Hans-Ulrich von Oertzen sehr beschäftigt. Er verfolgte jedoch nicht (politisch) blind seinen Weg. Im Herbst

1934 nach dem Röhm-Putsch[3], bei dem sich Hitler seiner Widersacher entledigte, u. a. Schleicher, trafen Oertzen und Röhricht sich erneut. Wie auch bei anderen Treffen diskutierten sie offen, Oertzen wusste, dass Röhricht kritisch gegenüber dem NS-Regime eingestellt war. Sein Zugeständnis: „Auch mir ist natürlich nicht entgangen, dass keineswegs überall mit sauberen Mitteln gearbeitet wurde. Ebenso habe ich mich über Gewalttaten empört, die besser unterblieben wären. Aber hat es nicht einen Auftrieb gegeben, außenpolitisch und im Innern, wie wir ihn in den kühnsten Träumen nicht auszudenken wagten? Nimm mir nicht meine Hoffnungen! Ich habe meinen Eid ehrlich und mit Begeisterung geschworen, anders kann man das nicht mit 19 Jahren! Was ich bin, will ich ganz sein!"

1938, nach Anschluss Österreichs an das Deutsche Reich, klang das bei ihrem Treffen schon anders. Oertzen über seine Erfahrungen in Wien: „Es ist durchaus nicht alles schön, was sich da begibt. Warum muss ein geschichtliches Ereignis solche Schattenseiten haben? (…) Immer wieder ziehen SS-Trupps in einer Aufmachung, die wir uns nicht leisten können." Er sehe schmerzerfüllte Gesichter bei der Bevölkerung, die ihn verfolgen würden. „Allmählich sehe auch ich das Bedenkliche an dem System. Wenn einem der Blick dafür erst einmal geschärft ist, stößt man auf immer Neues." Aber seine Haltung war noch immer: Man müsse Schönheitsfehler in Kauf nehmen.

Die Erlebnisse 1934 - 1938 sorgten für erste Kratzer in seinem Weltbild, wenn man so will, waren sie ein erstes Samenkorn auf dem Weg zur Erkenntnis, handeln zu müssen, bis zum gefährlichen Entschluss, Widerstand zu leisten. Menschen in solchen Situationen befallen zunächst Zweifel. Zweifel zum einen, ob man die Erlebnisse nicht einfach überinterpretiert. Zweifel andererseits aber auch am bislang Geglaubten.

Diesen Zweifeln folgt die Verunsicherung, was man tun soll. Ob überhaupt. Und welche Auswirkungen Handeln für einen haben könnte. Dann kommt die Einsamkeit – die Oertzen bis zu seinem Tod nicht verlassen sollte. Einsamkeit, weil man sich – zumal in Diktaturen und unter den Bedingungen eines Krieges – nicht einfach öffnen kann: Entweder, weil da niemand zum Austausch da ist. Gleichgesinnte, die ebenso denken. Oder, weil man zögert, den anderen nicht vertraut. Oder weil man bewusst den anderen mit seinen Gedanken nicht in seelische Nöte bringen will oder gar in Gefahr. Alles das traf auf Hans-Ulrich von Oertzen zu, dem seit dem Tod der Mutter 1938 ein wichtiger Vertrauter fehlte. Und Röhricht war weit weg an einem anderen Frontabschnitt. Militärdienst und Krieg hatten auch dazu geführt, dass Oertzen fast kein gefestigtes soziales Umfeld hatte und keinen festen Wohnsitz.

Was braucht es, um weiterzukommen? Zufall und Glück. Und Gleichgesinnte, die einem Halt geben. Zufall und Glück waren es, dass Hans-Ulrich von Oertzen beim Besuch eines Kriegskameraden in der Neumark (heute Polen) die knapp 19-jährige Ingrid von Langenn-Steinkeller kennen- und lieben lern. Ein neuer Anker im Leben Oertzens, ein Mensch, der sein Leben und Denken in neue Bahnen lenkte, wie in seinen Liebesbriefen an Ingrid nachzulesen ist. Die Zukunft – also das, was werden könnte – spielte eine immer intensivere Rolle, je enger ihre Beziehung wurde. Auch reflektierte er stärker die Zeit, in der beide lebten. Zunächst plädierte Oertzen dafür, das „Jetzt" zu genießen.

26.9.42: „Warum liegt in der ungewissen Zukunft eine Gefahr? Liegt nicht ein Reiz darin, sein Ziel, noch ungetrübt durch eventuelle Zwischenfälle und Hindernisse, vor sich zu sehen? (...) Sie soll das Heute genießen und im Morgen die Erfüllung sehen!"

Am 6.6.43 heißt es dann aber schon: „Ich werde ein ganz anderer Mensch. Mir entsteht ein Zuhause, eine Heimat, Begriffe, die ich lange nicht mehr gekannt habe. Meine bisher zerflatterten Gefühle fließen mehr und mehr in einen ruhigeren Strom des Geborgenseins zusammen."

Einen Monat später kann Ingrid lesen: „Besitz, Ehre und Ruhm müssen vor einem häuslichen Glück zurücktreten. In ihm liegt die Wurzel zu allem Tun und Denken, der Ursprung zum Schaffen und zur inneren Einstellung dem Leben und den geistigen Gütern gegenüber."

Dem Wandel bei Gedanken über sein privates Leben folgte parallel auch ein Wandel in seinen politischen Ansichten. Wieder war es Zufall, dass Oertzen im Februar 1943 in den Generalstab der Heeresgruppe Mitte zu Henning von Tresckow versetzt wurde, einer der zentralen Persönlichkeiten des militärischen Widerstands. Zufall war auch, dass Oertzens Freundin Ingrid und Tresckow in der Neumark Nachbarn waren. Dies verstärkte die Beziehung. Tresckow spielte sogar den „postillon d'amour". Zum Vertrauen in die militärischen und organisatorischen Fähigkeiten Oertzens kam somit auch das Vertrauen auf menschlicher Ebene hinzu. Das war ganz wichtig, denn die Planungen zum Staatsstreich fanden unter strengster Geheimhaltung statt.

Wenige Wochen, nachdem Oertzen bei der Heeresgruppe Mitte war, wollten Tresckow und einige Stabsoffiziere Hitler Mitte März 1943 bei einem Truppenbesuch erschießen. Der Oberbefehlshaber der Heeresgruppe[4], der Wind davon bekam, untersagte das Attentat. Sie werden immer wieder lesen, dass auch Oertzen involviert war. Ich glaube das nicht. Dazu war er viel zu kurz in der neuen Einheit. Aber er dürfte das mitbekommen haben. Und es hinterließ einen tiefen Eindruck. Anders ist sein Brief vom 23.7.43 an seine Freundin Ingrid nicht zu erklären: Dem Kriegstagebuchoffizier sei aufgefallen, dass er, Oertzen, so bedrückt wirke und nicht aus sich herausgehe. Das habe einen Grund: „Die völlig andere und mir ungewohnte Atmosphäre des Stabes der Heeresgruppe, die von geistig hochstehenden und starken Persönlichkeiten wie Tresckow, Kleist[5], Schlabrendorff[6] ausging, hat mich stark erschüttert und meine Einstellung zu vielen Dingen über den Haufen geworfen. Ich musste mich (...) in einen Kreis von Menschen hineinfinden, die ganze Kerle waren, die auf den Kern sahen, bei denen Äußerlichkeiten nicht über das Wesen hinwegtäuschen konnten."

Im Herbst 1943 konnte Oertzen seine nachlassende Begeisterung für den Krieg kaum noch verbergen. Am 10.11.43 heißt es: „Heute ist die Bestätigung gekommen, dass ich bis Ende März in meinem jetzigen Posten verbleiben werde. Das ist mir nicht unlieb, denn – ich muss es zu meiner Schande gestehen, auch Dir gegenüber, trotzdem ich mich Dir als Held aufspielen sollte, ich habe keine großen Intensionen mehr nach militärischen Heldentaten. Wenn ich an die Zeit zurückdenke, (...), erkenne ich mich nicht wieder. Damals konnte ich kaum still auf einem Stuhl sitzen, wenn ich von Kampf und Orden hörte – heute lässt es mich kalt."

Inzwischen war auf dem langen Weg vom Zweifel zum Handeln ein weiteres Gefühl hinzugekommen: Mut. Mut, sein Leben zu riskieren.

Mitverschwörer Hans-Alexander von Voss[7] stellte fest: „Tresckow zog Oertzen ganz nah an sich heran." Das bedeutete: Oertzen wurde voll in die Umsturzpläne einbezogen. Er arbeitete in Berlin zusammen mit Stauffenberg die Alarmierungspläne „Walküre" für den Staatsstreich um, er war involviert in Sprengstoffbeschaffung und selbst in konkrete Attentatsversuche. Als der Ordonanzoffizier Eberhard von Breitenbuch[8] seinen Vorgesetzten zu Hitler begleiten sollte, unterwiesen ihn Tresckow und Oertzen in der Handhabung einer Gewehrsprenggranate. Breitenbuch entschied sich jedoch für die Pistole, das schien ihm sicherer.

Im März 1944 heirateten Hans-Ulrich von Oertzen und Ingrid, ein Beleg, dass Oertzen an das Gelingen des Staatsstreiches glaubte. Er hatte keine Zweifel mehr, das Richtige zu tun. „Der wird sein Leben richtig leben, der die Zeit nutzt und nichts versäumt", schrieb er Ingrid. Oder: „Die Aufgaben, die das Leben ans uns stellt, müssen wir lösen, um wirklich zu leben." Ingrid bezog das natürlich auf ihr privates Glück. Auf Fotos ist jedoch ein blass aussehender Bräutigam zu sehen – wenn man den Lauf der Geschichte kennt, mehr ein Ergebnis der Attentatsplanung als der Hochzeit. Ein ungeheurer Druck lastete auf seiner Seele, den wir uns kaum vorzustellen wagen.

Wer traut sich, Hitler zu töten? Da sind wir wieder bei der Eingangsfrage. Und nun auch bei der Frage: Wer hat Gelegenheit dazu? Beide Fragen waren bis zum Frühjahr 1944 lange ungeklärt. Sicher war lediglich: Es konnte nur ein Militär sein. Weil der Diktator seit Kriegsbeginn die Öffentlichkeit mied und sich nur mit NS-Chargen und hohen Offizieren umgab. Alle Beteiligten wussten um das hohe Risiko und die Lebensgefahr für sich, auch für Angehörige und Freunde, falls der Umsturz scheitern sollte. Aber sie dachten wie Stauffenberg, der einem Freund sagte: „Schlimmer als das Misslingen ist, der Schande und dem lähmenden Zwang tatenlos zu verfallen." So planten sie einen Staatsstreich, der mit einem Tyrannen-Mord beginnen sollte. Diesen konnte nur ausführen, der Zugang zu Hitler bekam. Stauffenberg gehörte erst im Juni 1944 dazu.

Doch Zugang war nicht alles. Der Attentäter konnte nicht darauf hoffen, Hitler allein zu begegnen. Er müsste in einem Raum voller SS-Wachen und Militärs eine Pistole ziehen und sicher schießen oder sich dem „Führer" mit Sprengstoff nähern, ihn womöglich festhalten, um sicherzugehen. Stauffenberg konnte sich nicht auf diese Weise opfern, er wurde als Kopf des Staatsstreichs in Berlin gebraucht. Zudem war Hitler als Staatsoberhaupt und Oberbefehlshaber nicht irgendwer, bereitete auch deshalb möglichen Attentätern persönliche Hemmschwellen. Außer diesem schwierigen Moment der Überwindung bedurfte es auch unglaublicher Nervenstärke, falls es zu Zwischenfällen kommt.

Und die gab es bei den eingangs erwähnten früheren Versuchen: Der 39-jährige Rudolf-Christoph Freiherr von Gersdorff[9] kam nicht dazu, seinen am Körper verborgenen Sprengsatz zu zünden, weil Hitler schneller als geplant durchs Zeughaus eilte. Gerade noch rechtzeitig konnte Gersdorff auf einer Toilette den Zünder wieder entschärfen.

Der 24-jährige Axel von dem Bussche[10] wartete mit einem Sprengsatz zwei Tage in einer Baracke auf die Uniformvorführung, die letztlich verschoben wurde. Man kann vielleicht ahnen, was ihm in der ganzen Zeit durch den Kopf ging.

Der 33-jährige Adjutant Eberhard von Breitenbuch, der seinen General zu einer Besprechung auf den Berghof begleiten sollte, hat seine Pistole dabei, doch an diesem Tag ließ Hitler die Ordonnanzen nicht ins Beratungszimmer. Breitenbuch wurde gebeten, davor zu warten, er spürte Panik, weil er fürchtete, sein Plan sei aufgeflogen.

Auch Ewald-Heinrich von Kleist, der bei der verschobenen Uniformvorführung für Bussche einspringen sollte, zeigte Nerven. Der junge Offizier hatte schon viel erlebt, doch die Vorstellung vom eigenen Tod war für den gerade 21-Jährigen dann doch zu viel. Gleichwohl war er bereit: ‚Sage ich ja, bin ich tot. Sag' ich nein, bin ich ein Schwein. ' Hitler sagte den Termin kurzfristig ab.

Als einer der Letzten wurde der 38-jährige Oberst Joachim Meichßner[11] gefragt, der im Oberkommando der Wehrmacht arbeitete. Meichßner war wie Oertzen an dem Punkt angelangt, seinen Eid zu brechen, das Fundament seiner beruflichen Existenz. Doch die Vorstellung, sein Leben auf diese Weise zu opfern, bereitete ihm Qualen. Zugleich hatte er Vorbehalte: Als jemand, der den Ruf hatte, „organisatorisch hervorstechend" zu sein, wusste Meichßner einzuschätzen, was es beim Militär für die Befehlsstruktur bedeutete, wenn der Oberbefehlshaber ausfiel. Er schien zu befürchten, dass durch den Tod Hitlers eine nicht beherrschbare Lage entstünde. Dann war da noch sein Glaube, die hohe Achtung vor dem fünften Gebot: „Du sollst nicht töten". Nicht so. Der Offizier grübelte: Ist es richtig, den Weg in eine neue Zeit mit einem Mord zu beginnen? Er entschied sich dagegen.

So startete am Morgen des 20. Juli 1944 Stauffenberg selbst vom Berliner Flugplatz Rangsdorf zum Führerhauptquartier „Wolfschanze".

Die Beispiele zeigen in berührender Art, wie schwer Menschen mit Werten und festen Prägungen ringen. Die Gewissheit, dass ein Tyrann getötet werden muss, reicht allein nicht aus. Letztlich ist jeder mit dieser Entscheidung ganz allein.

Nur zwei Monate nach seiner Hochzeit, zu Pfingsten, bricht die Anspannung auch bei Hans-Ulrich von Oertzen heraus. Seiner Frau Ingrid berichtet er per Brief vom Gottesdienst und der sehr eindrucksvollen Predigt. Was er nicht schreibt: Nach der Predigt bat er den Pfarrer um ein Vieraugengespräch über einen verwendeten Vers: „Gott hat uns nicht gegeben den Geist der Furcht, sondern der Kraft und der Liebe und der Besonnenheit."[12] Der Pfarrer notierte anschließend seine Gedanken über das Gespräch. Oertzen sehe die politische und militärische Lage ernst und habe wohl das Bedürfnis gehabt, sich seine Sorgen einmal vom Herzen zu reden. Nachdem Oertzens Rolle beim Attentat durchsickerte, ergänzte der Pfarrer: „Das ernste Gespräch nach dem Gottesdienst am 2. Pfingsttag sehe ich jetzt in einem besonderen Licht."

Die Planungen für den Staatsstreich nach dem Tod Hitlers waren vor dem 20. Juli 1944 weitgehend abgeschlossen. Ein deutschlandweites Netz an Vertrauten in wichtigen Positionen war geknüpft, die Befehle für den Einsatz von Einheiten auf deutschem Territorium waren geschrieben. In den Wehrbezirken waren zivile Beauftragte eingeweiht, die für Ruhe in der Bevölkerung sorgen sollten. Sogar das Personaltableau für die erste Regierung nach Hitler lag bereit. Fehlte nur der erste Schritt: das Attentat.

Anfang Juli war Oertzen dafür unter einem Vorwand von der Front nach Berlin abkommandiert worden. Trotz des gefährlichen Unterfangens – oder gerade deswegen – holte er seine Frau zu sich. Zwar sagte er ihr nicht, was er vorhatte und den ganzen Tag trieb, und Ingrid von Oertzen war froh, ihren Mann zu sehen, auch wenn er bis abends unterwegs war. Gleichwohl merkte sie seine Anspannung. Als er sich in einem schwachen Moment offenbaren wollte, hielt sie ihn jedoch davon ab. Eine lebensrettende Maßnahme – für sie, wie sich herausstellen sollte. Dass ihr Mann die für den Staatsstreich vorgesehenen Truppen in Berlin und im Umland inspizierte und bereits am 11. wie am 15. Juli bei den ersten abgeblasenen Attentatsanläufen dabei war, erfuhr sie später.

Oertzens Platz am 20. Juli 1944 war das wichtige Wehrkreiskommando Berlin, wo er, völlig auf sich allein gestellt, agierte. Als Verbindungsoffizier zu Stauffenberg war es seine Aufgabe, zu kontrollieren, dass die Anweisungen für den Tag X ausgeführt wurden und bei Problemen einzugreifen. Dies tat Oertzen den ganzen Nachmittag und frühen Abend präzise. Als klar wurde, dass das Attentat gescheitert war, versuchte Oertzen, sich unauffällig zu verhalten. Er verstand es in ersten Befragungen, den Verdacht gegen ihn auszuräumen und auf der Toilette belastendes Material zu verbrennen. Doch eine Sekretärin erinnerte sich am kommenden Morgen, dass Oertzen im Herbst 1943 schon einmal im Wehrkreiskommando war – als sich auch Stauffenberg dort aufhalten hatte. Beide kannten sich also, was Oertzen abgestritten hatte. Er rief noch einmal seine Frau an und traf dann eine – einsame – Entscheidung: Oertzen steckte sich auf dem Flur eine zuvor dort deponierte Sprenggranate in den Mund. Ganz offenbar, um Mitwisser nicht zu verraten.

Das Urteil seines Umfeldes über Hans-Ulrich von Oertzen war eindeutig: Erika von Tresckow war dankbar, dass sich Oertzen so selbstlos zur Verfügung stellte. Carl Hans Graf von Hardenberg war beeindruckt am 20. Juli 1944, dass Oertzen mit vorbildlicher Ruhe arbeitete und ihm versicherte, dass er keine weitere Hilfe benötige. Philipp von Boeselager

Hans-Ulrich von Oertzen:
Er hätte nicht so gehandelt, wenn es
nicht notwendig gewesen wäre.

lobte: „Es gab bei ihm nie den Satz: Ich kann nicht." Und seine Frau Ingrid Simonsen, verwitwete von Oertzen, die natürlich voller Trauer war, dass ihnen nicht mehr gemeinsame Zeit im Leben geblieben war, sagte mir im Gespräch: „Wie ich ihn gekannt habe, hätte er nicht so gehandelt, wenn es nicht notwendig gewesen wäre." Äußerungen der Anerkennung.

In der deutschen Nachkriegszeit herrschte jedoch lange Ablehnung, Desinteresse und Schweigen vor. In den ersten Jahrzehnten wesentlich aus Scham, bei vielen wegen des eigenen, angstvollen Schweigens oder gar der unverhohlenen Zustimmung zum NS-Regime. Auch aus der Einstellung heraus, dass man doch nach vorn schauen, sich der neuen Zeit widmen solle.

Zu denjenigen, die früh an den Mut und das Schicksal der Männer und Frauen des 20. Juli 1944 erinnerten, gehörte Bundespräsident Theodor Heuss. Und der Schriftsteller Carl Zuckmayer, der in seinem „Memento" zum 20. Juli 1969 – also vor 50 Jahren – einen Satz sagte, der nicht an Aktualität verloren hat: „Es ist leicht, am Misslingen dieses Aufstands Kritik zu üben, seine vielfache Verspätung, seine ungenügende Vorbereitung und Absicherung zu bemängeln. Aber wer, der lebt, könnte von sich selbst sagen, dass er unter gleichen Umständen den gleichen Mut und die gleiche Haltung aufgebracht hätte."

Ich habe am Anfang davon gesprochen, dass die Einflüsse und Einstellungen der Widerstandskämpfer vom 20. Juli 1944 vielen heute völlig fremd sind. Gleichwohl gilt auch in gefahrlosen und friedlichen Zeiten die Aufforderung, wach und offen die Gesellschaft zu betrachten und bereit zu sein, sein eigenes Denken und Verhalten zu überprüfen. Notwendig ist noch immer Zivilcourage, ein sich einbringen oder einmischen, ja mitunter auch Mut.

Was die geschichtliche Einordnung des Handelns der Couragierten und Mutigen des 20. Juli 1944 sowie der Blick auf sie betrifft, zitiere ich noch einmal Karl Heinz Bohrer: „Sie haben es getan. Das ist es. Nichts anderes."

1 Friedrich Edgar Röhricht (1891 – 1962) war ein deutscher Offizier, zuletzt General der Infanterie im Zweiten Weltkrieg.

2 Kurt von Schleicher (1882 –1934) war zuletzt General der Infanterie und Politiker. Von Anfang Dezember 1932 bis Ende Januar 1933 amtierte er als letzter Reichskanzler der Weimarer Republik.

3 Als Röhm-Putsch werden die Ereignisse Ende Juni/Anfang Juli 1934 bezeichnet, bei denen die Nationalsozialisten die Führungskräfte der SA einschließlich des Stabschefs Ernst Röhm ermordeten.

4 Oberbefehlshaber der Heeresgruppe Mitte war zu dem Zeitpunkt Generalfeldmarschall Günther von Kluge (1882 – 1944).

5 Ewald-Heinrich von Kleist (1922 – 2013) war 1944 Oberleutnant der Wehrmacht. Nach dem Tod von Philipp Freiherr von Boeselager 2008 war er der letzte lebende Mitverschwörer aus dem Kreis um Stauffenberg.

6 Fabian von Schlabrendorff (1907 – 1980) war Adjutant Henning von Tresckows. 1943 schmuggelte er eine Bombe an Bord von Hitlers Flugzeug.

7 Hans-Alexander von Voss (1907 – 1944), Oberst im Generalstab, war im Juli 1944 im Stab von Henning von Tresckows. Seine Kontakte zu den Verschwörern wurden anfangs nicht entdeckt. Kurz vor seiner drohenden Verhaftung im Oktober 1944 nahm er sich das Leben.

8 Eberhard von Breitenbuch (1910 – 1980), 1944 Rittmeister und Ordonanzoffizier des Generalfeldmarschalls Günther von Kluge.

9 Gemeint ist der Attentatsversuch vom 21. März 1943, als Hitler zum Heldengedenktag eine Ausstellung sowjetischer Beutewaffen im Berliner Zeughaus eröffnete. 1944 verwahrte Rudolf-Christoph Freiherr von Gersdorff (1905 – 1980) den Sprengstoff und den Zünder für das Attentat vom 20. Juli.

10 Axel Freiherr von dem Bussche-Streithorst (1919 – 1993) war ein Vetter von Hans-Ulrich von Oertzen. Seine aus Dänemark stammende Mutter Jenny Lassen war die Schwester von Georg Henning von Oertzens Frau Estrid. 1944 entging er der Verhaftungswelle, da ihm aufgrund einer Verwundung ein Bein amputiert werden musste und er mehrere Monate im SS-Lazarett Hohenlychen verbringen musste.

11 Joachim Meichßner (1906 – 1944) wurde am 28. September am Volksgerichtshof zum Tode verurteilt und am 29. September 1944 in Plötzensee erhängt.

12 Bibelstelle: 2 Timotheus 1,7

Rückgrat zu haben, muss man lernen

Widerstandskämpfer von Oertzen machte als Stipendiat in Salem Abitur

Überlingen. Bildung und Wissen sind das eine, politisches Bewusstsein und kritisches Denken das andere, wozu die Schule Schloss Salem erziehen will. Daran erinnert die Internatsschule zum 75. Jahrestag des Attentats auf Adolf Hitler und weist auf die Widerstandsbewegung um Claus Graf Schenk von Stauffenberg hin, an der auch ehemalige Schüler beteiligt waren.

Einer von ihnen war Hans-Ulrich von Oertzen, der die Schule 1933 mit dem Abitur verlassen hatte, zunächst noch auf Seiten der Machthaber stand, jedoch nach seinen Erlebnissen in Russland zum Umdenken kam und sich dem Widerstand anschloss. Für Gesamtleiter Bernd Westermeyer ist er ein Beispiel für die heutigen Schüler, an dem die Bedeutung von unabhängiger politischer Urteilsfähigkeit sichtbar wird und die Stärke, das unter schwierigen Umständen zu vertreten.

„Wir wollen politische Menschen aus unseren Schülern machen", erklärt Bernd Westermeyer, und das Gedenken an die Widerstandsbewegung ist für ihn Anlass, um an einem konkreten Beispiel mit Bezug zur Schule auf den Mut, die Risikobereitschaft und das Rückgrat aufmerksam zu machen, derer es in kritischen Situationen bedarf. „Es gab durchaus auch andere Karrieren, doch die können für uns kein Vorbild sein", sagt Westermeyer.

Bernd Westermeyer leitet heute Salem, das berühmteste deutsche Elite-Internat.

Hans-Ulrich von Oertzen war nach dem Tod seines Vaters 1929 als Stipendiat an die Schule gekommen und gehörte 1933 dem zweiten Abiturjahrgang in Spetzgart an. Dass die Schule selbst noch nicht das Fundament für den späteren Widerstandsgeist gelegt hatte, wird an seiner Militärkarriere deutlich.

Zum Nachdenken brachten von Oertzen erst die Erfahrungen und Erlebnisse beim Vernichtungskrieg in Russland. Dort konnte ihn im Sommer 1943 von Tresckow, einer der führenden Köpfe neben Stauffenberg, zum Mitmachen bewegen. Fortan führte von Oertzen geradezu ein Doppelleben. Die Familie und seine Frau, die er im Frühjahr 1944 heiratete, erfuhren nichts von den Plänen.

Als Verbindungsoffizier für den Wehrkreis Berlin gab von Oertzen am 20. Juli 1944 die ersten „Walküre"-Befehle weiter, da er vom Erfolg des Attentats ausgegangen war. Die ersten SS- und Gestapo-Leute waren von den Mitstreitern schon verhaftet worden, als das Scheitern bekannt wurde. Von Oertzen hatte mit dem Schlimmsten gerechnet und schon zwei Handgranaten bereitgelegt, mit denen er sich am Tag danach selbst umbrachte.

Ein Bild der Persönlichkeit des Widerstandskämpfers und dessen Ringen um die einsame Gewissensentscheidung zeichnete der Autor Lars-Broder Keil in seinem Buch anhand von Briefen und Erinnerungen nach und berichtete vor einigen Jahren an der Schule darüber. In einem Seminarkurs hatte Geschichtslehrer Martin Kölling dies mit seinen Schülern zuvor intensiv bearbeitet.

„Es geht in der Schule nicht nur um Noten und Höchstleistungen", sagt Bernd Westermeyer. Ebenso wichtig sei es, eine kritische Urteilsfähigkeit und eine stabile Werteskala zu vermitteln. „Bei uns fällt der 20. Juli schon in die Ferien", sagt er. „Wir haben das Thema daher in allen Schulversammlungen noch vor der Abreise der Schüler zumindest kurz angesprochen." Nach den Sommerferien wolle man es vertiefen. „Die Schulpfarrer haben im Gottesdienst deutlich gemacht, dass jeder Mensch mit dem Leben gesegnet sei", sagt Westermeyer. Daraus entspringe die Verpflichtung, „Verantwortung für andere zu übernehmen, mal mutig gegen den Strom zu schwimmen und Courage zu zeigen".

Retrospektiv sei es heute einfacher, das damalige Regime der Nazis zu beurteilen. „Man weiß nicht, wie man selbst in schwierigen Situationen gehandelt hätte." Umso wichtiger sei es, hellhörig zu sein – insbesondere, was politische Parolen und politische Wortwahl angeht. „Bei der Sprache fängt es an", sagt er. Geradezu unverantwortlich ist es für ihn, das Dritte Reich als „Vogelschiss der Geschichte" zu bezeichnen, wie dies Alexander Gauland von der AfD tat. Nicht minder bedenklich aus demokratischer Sicht sei die Äußerung des amerikanischen Präsidenten Donald Trump, die Presse sei „ein Feind des Volkes". Dass Menschen derlei Äußerungen bejubelten, hält Westermeyer für ein Warnsignal. Hier gelte das Wort: „Wehret den Anfängen!"

„Wir wollen politische Menschen aus unseren Schülern machen."

(Hanspeter Walter, Südkurier Überlingen, vom 20. Juli 2019)

Gedenken an einen, der sein Ziel verfehlte

Rattey. In der Versöhnungskirche in Rattey wurde am Sonnabend mit einem Gedenkgottesdienst des deutschen Widerstandes gegen das NS-Regime gedacht. Anlass war der Jahrestag des gescheiterten Attentats auf Adolf Hitler am 20. Juli 1944, an dem auch der mit Rattey verbundene Hans-Ulrich von Oertzen beteiligt war.

„Heute erinnert hier eine schlichte Tafel, die berührt, aber keinen Helden feiert, an ihn", erklärte Henning von Buchwaldt. Von Buchwaldt, verwandt mit der Familie von Oertzen, war Initiator des Gottesdienstes. Der evangelische Bischof Hans-Jürgen Abromeit und Landeswirtschaftsminister Harry Glawe (CDU) sprachen Grußworte.

Glawe erinnerte daran, dass sich Deutschland nach dem Zweiten Weltkrieg ein Grundgesetz gab, in dem die Menschenwürde festgeschrieben ist. Daran hätten auch die Männer im Widerstand gegen Hitler einen Anteil. „75 Jahre nach dem gescheiterten Attentat ist es wichtig daran zu erinnern, dass es damals in Deutschland auch Menschen mit einem Gewissen gab. Sie haben ein nötiges Zeichen gesetzt", so Glawe. Auch für Bischof Abromeit gehörte Hans-Ulrich von Oertzen zu denjenigen, die gezeigt haben, dass es damals noch „ein anderes Deutschland" gab. Er sei einen Weg gegangen, der sein Ziel nicht erreicht hat.

Mit Sorge beobachte er dabei aktuelle Entwicklungen, so Minister Glawe. Er verwies darauf, dass es heute wieder 24.000 Rechtsradikale, die Hälfte davon gewaltbereit, in der Bundesrepublik gebe. Der Minister kritisierte zudem, dass heutzutage in Debatten eine Sprache verwendet werde, die nahe an der der Nationalsozialisten zu verorten sei. „Wir müssen wieder lernen, uns vernünftig zu äußern", sagte Glawe.

Arndt-Heinrich von Oertzen, heutiges Familienoberhaupt, und Autor Lars-Broder Keil, der ein Buch über Hans-Ulrich von Oertzen geschrieben hat, gaben Einblicke in dessen Rolle beim Attentatsversuch. So war von Oertzen an der Ausarbeitung der Anschlagspläne beteiligt. In Berlin sollte er als ranghoher Offizier dafür sorgen, dass Befehle im Sinne des Staatsstreichs ausgeführt werden. „Dies tat er in den ersten Stunden auch", berichtete Keil. Erst als durchsickerte, dass die von Stauffenberg platzierte Bombe ihr Ziel verfehlte, gab er sein Vorhaben auf, um sich nicht verdächtig zu machen. Vergebens. Eine Sekretärin verriet ihn. Sie hatte von Oertzen und Stauffenberg zusammen gesehen. Einen Tag nach dem gescheiterten Attentat setzte Hans-Ulrich von Oertzen seinem Leben selbst ein Ende.

(Tobias Lemke, Bericht über den Gedenkgottesdienst am 20. Juli 2019, Nordkurier, Neubrandenburger Zeitung vom 22. Juli 2019)

Zu den Rednern beim Gedenkgottesdienst zählte auch Wirtschaftsminister Harry Glawe.

Zeichen, die verpflichten

**Widerstandskämpfer Hans-Ulrich von Oertzen
beim Gedenkgottesdienst in Rattey gewürdigt**

Er gehörte zum innersten Kreis der Hitlerattentäter um Oberst von Stauffenberg. Auf dem Gut Rattey verbrachte Hans-Ulrich von Oertzen Kinderjahre. Am Jahrestag des Attentates vom 20. Juli 1944 erinnerte eine Gedenkveranstaltung in dem Ort bei Strasburg an den Widerstandkämpfer. Bischof Hans-Jürgen Abromeit ehrte Oertzen im zentralen Gottesdienst in der Predigt.

„Gott hat uns nicht gegeben einen Geist der Furcht, sondern der Kraft und der Liebe und der Besonnenheit." Diesen Vers aus einem Brief des Apostel Paulus stellte Bischof Hans-Jürgen Abromeit in den Mittelpunkt seiner Predigt in der Versöhnungskirche in Rattey im Kirchenkreis Mecklenburg. Der Gottesdienst stand im Zentrum einer Gedenkveranstaltung für Hans-Ulrich von Oertzen, einen der Widerstandkämpfer des 20. Juli 1944.

Bischof Abromeit erläuterte, welch zentrale Bedeutung dieser Bibelvers für von Oertzen hatte. Der Stabsoffizier habe sich mit der Frage gequält, ob man sich aus christlich-ethischen Gründen an einem gewaltsamen Widerstand beteiligen dürfe. Ein Militärgottesdienst zu Pfingstmontag 1944 habe ihm den Weg gezeigt: „Gott lässt uns nicht zaudern. Er gibt denen, die auf ihn trauen, ein festes Herz und Entschlusskraft."

Der Gottesdienst stand im Zentrum einer Gedenkveranstaltung, mit der Henning von Buchwaldt, der letzte in Rattey geborene Nachfahre von Hans-Ulrich von Oertzen, und seine Frau an ihren Großonkel erinnern wollten. Von Oertzen gehörte zum innersten Kreis der Hitlerattentäter um Claus Schenk Graf von Stauffenberg und gab am 20. Juli 1944 die ersten Befehle der Aktion „Walküre" weiter. Am Tag nach dem misslungenen Attentat nahm sich der 29-Jährige vor dem Eintreffen der Gestapo mit einer Handgranate das Leben.

MECKLENBURGISCHE & POMMERSCHE

Kirchenzeitung

Evangelisches Wochenblatt für die Nordkirche **Nr. 30** | 74. Jahrgang | 28. Juli 2019 | 1,70 Euro | www.kirchenzeitung-mv.de

Ein echter Krimi
Geschichte einer fürstlichen
Spende für Auguste-
Sarkophag in Schwerin **11**

Eine große Pädagogin
Johannes Pilgrim erinnert
in seinem Nachruf an
Irmtraut Gombert **13**

MELDUNGEN

Baustellenandacht in Barth

Barth. Zur dritten musikalischen Baustellenandacht mit Bläsern lädt die Kirchengemeinde Barth am Freitag, 26. Juli, um 19.30 Uhr in die St.-Marien-Kirche. Seit August 2018 wird im Innenraum der Kirche gebaut, sodass eine Nutzung nur sehr eingeschränkt möglich ist. Im Jahr 2020 soll der wesentliche Teil der Restaurierung des Innenraumes umgesetzt sein, informiert der 2007 gegründete Kirchenbauverein St. Marien Barth auf seiner Internetseite. Mit den Baustellenandachten möchten Kirchenbauverein und Förderverein Barther Kirchenmusik die Bauzeit überbrücken. *kiz*

Neuer Radweg verbindet Kirchen

Rügen. Zwischen Schaprode und Trent auf der Insel Rügen gibt es einen neuen Radweg. Mit dem 5,5 Kilometer langen Asphaltweg soll die Radverbindung zur Hiddenseefähre verbessert werden, teilte das Verkehrsministerium mit. Er ist Teil des Ostseeküstenradwegs und des Rügen-Rundwegs. Damit werden auch zwei wichtige kirchliche Gebäude näher an das touristische Netz geknüpft. St. Johannes Schaprode vom Anfang des 13. Jahrhunderts ist die drittälteste Kirche der Insel Rügen; St. Katharinen in Trent liegt an einer Wegbleitung einer der drei alten Rügener Landstraßen. *kiz*

DOSSIER DER WOCHE

Fremd in der Kirche

Fremd sein heißt anders sein – anders im Glauben, in der Sprache oder in kultureller Hinsicht. Das Fremde zu überwinden, anzukommen, ein Stück Heimat zu erleben, dabei kann der Glaube eine Hilfe sein. Das erleben Menschen in der Lagerkapelle in Friedland. Wo Kirche Fremden herzlich und gastfreundlich begegnen möchte, da ist es vor allem eine Frage der Haltung, sagt Katharina Gralla vom Gottesdienstinstitut der Nordkirche. Und das Geschichte des Steines ist die Geschichte von Jesus Christus. Obwohl Er von Gott auserwählt wurde zum Heil des Volkes Israel, wird Jesus abgelehnt und verworfen, erst von den Schriftgelehrten und Priestern, später von vielen anderen. Aber Gott hat ihn eingesetzt und durch ihn einen Neuanfang möglich werden lassen für ein erneuertes Gottesvolk sowie für uns als Einzelne und als Kirche im Ganzen. Zu diesem kostbaren, lebendigen Stein, Jesus Christus, werden wir nun eingeladen. Da kommen wir als Einzelne, um uns Jesus Christus, der freundlich zu uns ist, zu empfangen, um

Lesen Sie mehr dazu auf den Seiten 4 und 5.

Raum für Fragen.
Mein Religionsunterricht.

Mehr dazu lesen Sie auf Seite 12

Zeichen, die verpflichten

Widerstandskämpfer Hans-Ulrich von Oertzen beim Gedenkgottesdienst in Rattey gewürdigt

Er gehörte zum innersten Kreis der Hitlerattentäter um Oberst von Stauffenberg. Auf dem Gut Rattey verbrachte Hans-Ulrich von Oertzen Kindheitsjahre. Am Jahrestag des Attentats vom 20. Juli 1944 erinnerte eine Gedenkveranstaltung in dem Ort bei Strasburg an den Widerstandskämpfer. Bischof Hans-Jürgen Abromeit ehrte Oertzen im zentralen Gottesdienst in der Predigt.

Von Annette Klinkhardt

Rattey bei Woldegk/Greifswald. „Gott hat uns nicht gegeben einen Geist der Furcht, sondern der Kraft und der Liebe und der Besonnenheit." Diesen Vers aus einem Brief des Apostels Paulus stellte Bischof Hans-Jürgen Abromeit in den Mittelpunkt seiner Predigt in der Versöhnungskirche in Rattey im Kirchenkreis Mecklenburg. Der Gottesdienst stand im Zentrum einer Gedenkveranstaltung für Hans-Ulrich von Oertzen, einen der Widerstandskämpfer des 20. Juli 1944.

Bischof Abromeit erläuterte, welch zentrale Bedeutung dieser Bibelvers für von Oertzen hatte. Der Stabsoffizier habe sich mit der Frage gequält, ob man aus christlich-ethischen Gründen an einem gewaltsamen Widerstand beteiligen dürfe. Ein Militärgottesdienst zu Pfingstmontag 1944 habe ihm den Weg gezeigt: „Gott lässt uns auch nicht zaudern. Er gibt denen, die auf ihn trauen, ein festes Herz und Entschlusskraft."

Der Gottesdienst stand im Zentrum einer Gedenkveranstaltung, die am Vormittag mit der Henning von Buchwaldt, der letzte in Rattey geborene Nachfahre von Hans-Ulrich von Oertzen, und seine Frau an ihren Großonkel erinnern wollten. Von Oertzen gehörte zum innersten Kreis der Hitlerattentäter um Claus Schenk Graf von Stauffen-

Zusammentreffen bei der Gedenkveranstaltung in Rattey: Bischof Hans-Jürgen Abromeit und Henning von Buchwaldt, ein Nachfahr des Widerstandskämpfers Hans-Ulrich von Oertzen. *Foto: Annette Klinkhardt*

berg und gab am 20. Juli 1944 die ersten Befehle der Aktion „Walküre". Am Tag nach dem missglückten Attentat nahm sich der 29-Jährige vor dem Eintreffen der Gestapo mit einer Handgranate das Leben.

Bei der Gedenkveranstaltung sprach der Journalist und Oertzen-Biograf Lars-Broder Keil über die Widerstandskämpfer des Landes. Harry Glawe, ein Grußwort. Der Journalist und Oertzen-Biograf Lars-Broder Keil hielt einen Vortrag. Bischof Abromeit nannte es in der Predigt „auffällig, dass in dem Kreis der Widerständler viele in der Zeit der Vorbereitung von Attentat, Umsturz und bei der Überlegung, wie nach Hitler und dem Nationalsozialismus ein neuer Anfang gemacht werden, wieder neu nach dem christlichen Glauben fragen". Der Nationalsozialismus sei als Gegenentwurf zum Chris-

tentum begriffen worden, die „völkische Religiosität" der sogenannten „Deutschen Christen" als Sündenfall gewertet.

> „Völkisches Denken ist
> und bleibt unchristlich."

Hans-Jürgen Abromeit sagte auch in Richtung aktueller rechtspopulistischer Strömungen, die die Widerstandskämpfer für ihre Zwecke instrumentalisieren wollen: „Eine patriotische Grundhaltung war diesen konservativ gesonnenen Männern selbstverständlich. Der Einfluss des christlich Glaubens unterscheidet aber diese Vaterlandsliebe von jedem Nationalismus und völkischem Denken." Die Männer des 20. Juli und die sie unterstützenden Frauen

hätten ein Zeichen gesetzt, das für uns Verpflichtung sei. „Vor Gott ist es nicht zu verantworten, die Menschenrechte für bestimmte Menschen außer Kraft zu setzen. Völkisches Denken und bleibt unchristlich. In Extremsituationen können kalkulierte Rechtsbrüche notwendig sein, um die Herrschaft des Rechts wieder aufzurichten. Am Ende siegt doch der Geist der Kraft, der Liebe und der Besonnenheit."

„Versöhnungskirche" wurde die kleine Feldsteinkirche in Rattey 1992 genannt, als die erste Gedenkveranstaltung stattfand: Der mecklenburgische Landesbischof Christoph Stier enthüllte im Beisein des damaligen Bundespräsidenten Richard von Weizsäcker eine Gedenktafel für den Widerstandskämpfer.

ZUM 6. SONNTAG NACH TRINITATIS

Stein auf Stein

Wolfgang Schmidt ist Pastor der Kirchengemeinde Grimmen

In unserem Predigttext für den kommenden Sonntag ist die Rede von einem lebendigen Stein, der von den Bauleuten weggeworfen wurde, da er nicht in ihren Bauplan passte. Aber der Bauherr konnte und wollte ihn sehr wohl gebrauchen. Er nahm den schon zum Schutt geworfenen Stein und machte ihn zum tragenden Eckstein für den ganzen Bau, sodass er zum kostbarsten Stein des ganzen Baus geworden ist.

> „Kommt zu dem lebendigen
> Stein, der von den Menschen
> verworfen ist, aber bei Gott
> auserwählt und kostbar."
>
> aus dem 1. Petrusbrief, 2, 2-10

als Verantwortungsträger unserer Gemeinden, mit all unseren Bemühungen um eine Weiterentwicklung unserer Gemeinden und unserer Kirche. Er, Jesus Christus, der von Gott auserwählte, kostbare Eckstein braucht eine tiefe Verankerung und einen festen Platz in unserem Herzen und unserem geistlichen Leben, sonst stehen wir in der Gefahr, ihn genauso zu verwerfen, wie es die Bauleute getan haben.

Der Verfasser unseres Predigttextes schmückt dieses Bild nun aber noch weiter aus und bezeichnet die Glieder der Gemeinden ebenso als lebendige Steine. Indem wir uns zu dem Hausbau Gottes einfügen – und zwar so, dass jeder Stein an Platz einnimmt, der ausschließlich für ihn bestimmt ist. Da, wo das geschieht oder geschehen ist, so auch wir ganz persönlich unseren Platz in der Gemeinde gefunden haben, eingenommen haben, werden wir unserer von Gott ganz gedachten persönlichen Bestimmung leben und arbeiten können, damit das Haus Gottes zu seiner Ehre und zum

30

Titelseite der Mecklenburgischen und Pommerschen Kirchzeitung vom 28. Juli 2019. Der Gedenkgottesdienst für Hans-Ulrich von Oertzen ist die Aufmachung der Zeitung.

Bei der Gedenkveranstaltung sprach der Wirtschaftsminister des Landes, Harry Glawe, ein Grußwort. Der Journalist und Oertzen-Biograf Lars-Broder Keil hielt einen Vortrag. Bischof Abromeit nannte es in der Predigt „auffällig, dass in dem Kreis der Widerständler viele in der Zeit der Vorbereitung von Attentat, Umsturz und der Überlegung, wie nach Hitler und dem Nationalsozialismus ein neuer Anfang gemacht werden kann, wieder neu nach dem christlichen Glauben fragen." Der Nationalsozialismus sei als Gegenentwurf zum Christentum begriffen worden, die „völkische Religiosität" der sogenannten „Deutschen Christen" als Sündenfall gewertet.

„Völkisches Denken ist und bleibt unchristlich."

Hans-Jürgen Abromeit sagte auch in Richtung aktueller rechtspopulistischer Strömungen, die die Widerstandkämpfer für ihre Zwecke instrumentalisieren wollen: „Eine patriotische Grundhaltung war diesen konservativ gesonnenen Männern selbstverständlich. Der Einfluss des christlichen Glaubens unterscheidet aber diese Vaterlandsliebe von jedem Nationalismus und völkischem Denken."

Die Männer des 20. Juli und die sie unterstützenden Frauen hätten ein Zeichen gesetzt, das für uns Verpflichtung sei. „Vor Gott ist es nicht zu verantworten, die Menschenreche für bestimmte Menschen außer Kraft zu setzen. Völkisches Denken ist und bleibt unchristlich. In Extremsituationen können kalkulierte Rechtsbrüche notwendig sein, um die Herrschaft des Rechts wieder zu errichten. Am Ende siegt doch der Geist der Kraft, der Liebe und der Besonnenheit."

„Versöhnungskirche" wurde die kleine Feldsteinkirche in Rattey 1992 genannt, als die erste Gedenkveranstaltung stattfand: Der mecklenburgische Landesbischof Christoph Stier enthüllte im Beisein des damaligen Bundespräsidenten Richard von Weizäcker eine Gedenktafel für den Widerstandkämpfer.

(Annette Klinkhardt, Mecklenburgische & Pommersche Kirchenzeitung, 28. Juli 2019)

Für mich gehörte er nicht in unsere Familie

Fragen an Torsten Simonsen, Sohn der Witwe Hans-Ulrichs von Oertzen, der die Gedenktafel in Rattey entwarf

Torsten Simonsen, hier mit einer Arbeit des Bad Segeberger Künstlers Otto Flath, entwarf die Gedenktafel für Hans-Ulrich von Oertzen in Rattey.

Welche Rolle spielte das Andenken, das Erinnern an Hans-Ulrich in der Familie Simonsen?

Ein großes Foto von Hans-Ulrich stand auf dem Sekretär meiner Mutter. Irgendwie war er im Hintergrund mehr oder auch weniger präsent, wenn mein Vater von ihm sprach, bezeichnete er ihn „Ulli" und hatte keine erkennbaren Probleme damit. An direkte Äußerungen zu ihm kann ich mich nicht erinnern. Täglich wurden aber die Oertzenschen Silberbestecke gebraucht, so ziemlich das Einzige, das meine Mutter aus seinem sicher kleinen Nachlass noch besaß neben einem Silbertablett, einigen Silberbechern – Ehrenpreise vom Reiten – und einer Leica-Kamera, die mein Vater als Einziger benutzte.

Was empfanden Sie, wenn Ihre Mutter über Hans-Ulrich sprach?

In Kindheit und Jugend, ich wurde 1948 geboren, empfand ich es eher unangenehm, wenn meine Eltern, das war eher selten, von „Ulli" sprachen. Er gehörte nach meinem Empfinden nicht in unsere Familie und irgendwie wollte ich die Seite meines Vaters stärken. Das änderte sich massiv lange Jahre später durch die intensive Beschäftigung mit dem 20. Juli ab 1992.

Verglichen Sie je Hans-Ulrich, den ersten Mann Ihrer Mutter, mit Ihrem Vater?

Nein, das tat ich nicht.

Welche Rolle spielte das Thema 20. Juli 1944 Ihrem Wahrnehmen nach im Westen Deutschlands, beispielsweise während Ihrer Schulzeit?

In meiner Schulzeit war das überhaupt kein Thema, der Geschichtsunterricht in der Schule endete nach meiner Erinnerung mit Hitlers Machtergreifung 1933.

Bewusste Erinnerung daran habe ich erst, wie gesagt, ab 1992, allerdings war meine Mutter Mitglied bei der Stiftung 20. Juli, deren Mitteilungen einsehbar irgendwo im Haus lagen, in die ich aber nie geschaut habe.

Wann haben Sie sich wie mit dem Thema 20. Juli und Hans-Ulrich auseinandergesetzt?

Zum einen 1992 anlässlich der Veranstaltung in Rattey, dann ab 1999, als mein Vater starb, und noch intensiver ab dem Kennenlernen Lars-Broder Keils, des Verfassers des Buches über Hans-Ulrich. Das war circa 2003/2004.

Meine Mutter las in ihren alten Briefen und kramte in Erinnerungen. Damit waren auch wir als Familie verstärkt in das Thema einbezogen, ebenso, wie Freunde und Besucher eingebunden wurden.

Auch besuchte ich immer wieder die Gedenkveranstaltungen zum 20. Juli in Berlin, zunächst wohl 2001 mit meiner Mutter und unserem Sohn Till, der 1991 geboren wurde, danach einmal mit meiner Frau und meiner Mutter zusammen und schließlich 2016 mit unserer jüngsten Tochter Pia, die 1998 zur Welt kam.

Welche Gedanken bewegten Sie während der Gestaltung der Gedenktafel? Gab es andere Entwürfe oder Ideen? Was veranlasste sie zu den gewählten Worten und zur Schlichtheit der Gestaltung? Warum wählten Sie diesen Stein und kein anderes Material?

Die Tafel sollte aus meiner Sicht schlicht und klar sein, aber Würde ausstrahlen, deshalb diese Gestaltung und dieses klassische, dauerhafte und auch, wie ich finde, schöne Material – hellgrauer Marmor. Konkrete Alternativen gab es nach meiner Erinnerung nicht, die Worte stammten meines Wissens von meiner Mutter, beziehungsweise wurden zwischen uns abgestimmt. An weitere Gespräche dazu kann ich mich nicht erinnern. Sicher habe ich den Entwurf meiner Mutter vor der endgültigen Ausführung gezeigt.

Was empfanden Sie, als sie die Gedenktafel schufen?

Die Arbeit an der Tafel empfand und empfinde nach wie vor als Ehre und durch meine Mutter gibt es diese Verbindung zu jenen wichtigen Ereignissen des 20. Juli.

Warum fühlen Sie sich dem Ereignis 20. Juli als „zugehörig", wie es Lars-Broder Keil in seinem Buch ausdrückt und wie gehen Sie mit dieser Zugehörigkeit um?

Es ist diese direkte Verbindung über meine Mutter. Sie war mit Hans-Ulrich verheiratet. Sie trug seinen Namen. Über meine Mutter gibt es so etwas wie eine „Familienbande". So fühle ich mich, anders als damals als Teenager, heute mit Hans-Ulrich verbunden.

Dieses Gefühl der Zugehörigkeit versuche ich auch an unsere Kinder Till, Lea, geboren 1993, und Pia weiterzugeben.

2013 besuchten meine Mutter und ich den Oertzenschen Familientag in Roggow und wurden sehr herzlich aufgenommen, ähnlich 2019 beim Familientag in Groß Flotow mit meiner Frau und unserem Sohn.

In einem Familienarchiv in Roggow gibt es Erinnerungsstücke an Hans-Ulrich von Oertzen, die Briefe an meine Mutter und die Bestecke warten noch auf eine Übergabe an die Oertzensche Familie.

Im Herrenhaus Roggow bei Rerik befindet sich das Archiv der Familie von Oertzen.

Bildverzeichnis

Privatbesitz/Reproduktion Gedenkstätte Deutscher Widerstand: 9, 42

Sammlung Helmut Borth: 10, 16, 53, 60, 90 (2)

Helmut Borth: 37, 47, 71, 122/123 | Bundesarchiv: 17, 30 (oben)

Henning von Buchwaldt: 24, 28, 29, 33, 34, 35, 58, 65, 77, 124-127 (22), 128

Wikipedia/Niteshift: 26 | Wikipedia/Winfried Heinemann: 46

Wikipedia: 30 (unten) | Kurt-Hahn-Archiv im Kreisarchiv Bodenseekreis: 32, 97, 98 (2)

Oertzen-Archiv Roggow: 13 (Gerd Sailer), 44, 69, 107, 121

Süddeutsche Zeitung Photo: 59 | Ancestry/Staatsarchiv Hamburg: 61

Marlies Steffen/Nordkurier: 73 | Tim Prahle/Nordkurier: 76

Privat: 78 | Regierung-mv.de: 82 | Kirche-mv.de: 88

Welt.de: 95 | schule-schloss-selem.de: 109 | Tobias Lemke/Nordkurier: 113

Mecklenburgische und Pommersche Kirchenzeitung: 115

Lübecker Nachrichten: 117 | Ndr.de: 120

Der Mit dem 1994 von der Deutschen Bundespost herausgegebenen Block zum 50. Jahrestag des 20. Juli 1944 illustrierte Bertha von Buchwaldt persönliche Erinnerungen, die sie ihrem Vetter Thedwig von Oertzen für die von ihm herausgegebenen Oertzen-Blätter schickte.

DAS GESCHLECHT V(
IM KRIEGE 1939-1945 GE|

HENNING VON OERTZEN HPTM.
AUS DEM HAUSE PAMITZ
*20.12.1910 †12.6.1940 IN BRÜSSEL

FRIEDRICH-WILHELM VON OERTZEN LT.
AUS DEM HAUSE BRIGGOW
*23.7.1919 †16.6.1940 IN RICHE

ULRICH VON OERTZEN FHJ.-GEFR.
AUS DEM HAUSE SALOW
*5.3.1923 †23.6.1941 BEI WARNABUDA

JÜRGEN VON OERTZEN OLT. D. RES.
AUS DEM HAUSE ROGGOW
*29.10.1913 †21.8.1941 BEI STARAJA RUSSA

IVO VON OERTZEN LT.
AUS DEM HAUSE ROGGOW
*31.3.1920 †30.8.1941 IN WASSIELJEWKA

HANS-JOACHIM VON OERTZEN FW.
AUS DEM HAUSE KOTELOW-BRUNN
*8.10.1901 †4.10.1941 BEI CHARKOW

SIEVERT VON OERTZEN OLT.
AUS DEM HAUSE KOTELOW-BRUNN
*11.8.1913 †28.3.1942 IN RUSSLAND

GEORG VON OERTZEN LT. Z.S.
AUS DEM HAUSE SALOW
*15.5.1921 †23.7.1942 A. SEE. U.90

DIETRICH-ARNDT VON OERTZEN OLT
AUS DEM HAUSE BRIGGOW
*19.1.1919 †22.8.1942 BEI KOLOSSOWO

MAX-FRIEDRICH VON OERTZEN HPTM
AUS DEM HAUSE BAGENTZ
*30.10.1909 †26.9.1942 BEI WORONESCH

GÜNTER VON OERTZEN FERN.AUFK.D.LW
AUS DEM HAUSE ROGGOW
*24.7.1919 †6.6.1943 VERM. IN RUSSLAND

FRITHJOF VON OERTZEN LT. D. LW.
AUS DEM HAUSE ROGGOW
*28.3.1917 †14.9.1943 BEI KARLSBAD

KLAUS-DIETRICH VON OERTZEN HPTM
AUS DEM HAUSE REPNITZ
*13.2.1920 †27.6.1944 BEI CAEN

FRIEDRICH-WILHELM VON OERTZEN
HPTM.D.RES. AUS DEM HAUSE PAMITZ
*5.10.1888 †JULI 1944 VERM. IN RUSSLAN

HANS-ULRICH VON OERTZEN MAJOR I.G
AUS DEM HAUSE LÜBBERSDORF
*6.3.1915 †21.7.1944 IN BERLIN (20.JULI)

GEORG VON OERTZEN MAJOR
AUS DEM HAUSE KOTELOW-BRUNN
*12.10.1908 †26.8.1944 IN SEGEORE

Im Münster von Bad Doberan erinnert eine große Gedenktafel an die Mitglieder der Familie von Oertzen, die Opfer des Zweiten Weltkrieges wurden. Auf ihr ist auch der Name von Hans-Ulrich zu finden.

OERTZEN SEINEN
:BENEN ANGEHÖRIGEN

:FRIED VON OERTZEN FHJ. UFFZ.
.US DEM HAUSE BLUMENOW
5.1920 +24.10.1944 VERM. BEI LÜBAU

HELM VON OERTZEN FHJ. GEFR.
S DEM HAUSE LÜBBERSDORF
15.9.1926 +17.12.1944 BEI MALMEDY

RICH VON OERTZEN BEAMTER D. DR.
DEM HAUSE KOTELOW-BRUNN
1.1912 +13.1.1945 VERM. A. D. OSTFRONT

TRICH VON OERTZEN FHJ. UFFZ.
AUS DEM HAUSE BRUNN
*2.12.1926 +23.1.1945 IN OSTHEIM

HUBERTUS VON OERTZEN LT.
AUS DEM HAUSE KOTELOW
5.1922 +FEB.1945 VERM. BEI THORN

A VON OERTZEN GEB. ROMBERG
AUS DEM HAUSE SALOW
7.1898 +13.4.1945 IN LAUENBURG POM.

HANS VON OERTZEN RITTM.
US DEM HAUSE KITTENDORF
6.4.1870 +APRIL 1945 IN SCHWANDT

ANS-HEINRICH VON OERTZEN
US DEM HAUSE KITTENDORF
+30.10.1907 +APRIL 1945 VERM.

JOACHIM VON OERTZEN MAJOR
AUS DEM HAUSE BLUMENOW
+22.7.1903 +1945 VERM. BEI FÜRSTENWALDE

ARNDT-HEINRICH VON OERTZEN OLT
AUS DEM HAUSE KOTELOW
*12.9.1920 +1.5.1945 IN ROSTOCK

ARNDT-HEINRICH VON OERTZEN
AUS DEM HAUSE REPNITZ
*26.7.1880 +1.5.1945 IN BABELITZ

WILHELM VON OERTZEN
AUS DEM HAUSE ROGGOW
*6.6.1883 +4.5.1945 IN ROGGOW

GERDA VON OERTZEN
GEB. GRÄFIN VON WESTARP
AUS DEM HAUSE ROGGOW
*25.7.1888 +4.5.1945 IN ROGGOW

KARL-OTTO VON OERTZEN LT.
AUS DEM HAUSE KOTELOW
*13.6.1928 +5.5.1945 IN UNTER-TESCHAU

OTTO JASPAR VON OERTZEN
AUS DEM HAUSE KOTELOW-BRUNN
*13.9.1878 +17.5.1945 IN ALT-VORWERK

JÜRGEN VON OERTZEN LT. Z. S.
AUS DEM HAUSE KOTELOW
*3.10.1924 +29.4.1946 IN NEUSTADT S. H.

Überwiegend handelt es sich um Offiziere, doch gegen Ende des Krieges und danach auch um Zivilisten, darunter Frauen. Im Münster erinnert darüber hinaus eine zweite Gedenktafel an die neun im Ersten Weltkrieg gefallenen Familienangehörigen.

Momentaufnahmen

Genau am 75. Jahrestag des Attentats auf Adolf Hitler vom 20. Juli 1944, das Auslöser für den größten Umsturzversuches des militärischen Widerstands in der Zeit des Nationalsozialismus war, erinnerten wir Mitglieder der Familien von Buchwaldt und von Oertzen zusammen mit vielen Freunden, Bekannten und Einwohnern in der Versöhnungskirche von Rattey mit einem Gottesdienst an Hans-Ulrich von Oertzen, der vor 75 Jahren sein Leben dabei gab. Vor, während und nach dem Gottesdienst entstanden die fotografischen Momentaufnahmen als Erinnerung für die Teilnehmer und uns nachfolgende Generationen.

Henning von Buchwaldt

In Memory of

Major

Anders Frederick Emil V. Schau Lassen

V C, M C and 2 Bars

234907, Special Boat Service, S.A.S. Regiment, A.A.C. who died on 09 April 1945 Age 24

Son of Emil Victor Schau Lassen and Suzanne Maria Signe Lassen, of Nyhavn, Copenhagen, Denmark.

Remembered with Honour
Argenta Gap War Cemetery

Commemorated in perpetuity by

the Commonwealth War Graves Commission

Erinnerung an Anders Lassen. Der aus Dänemark stammende Major der britischen
Armee fiel bei einem Kommandounternehmen am 9. April 1945 in Italien.
Der Cousin von Hans-Ulrich von Oertzen fand seine letzte Ruhestätte auf dem
Kriegsgräberfriedhof von Argenta in Italien, Provinz Ferrara.